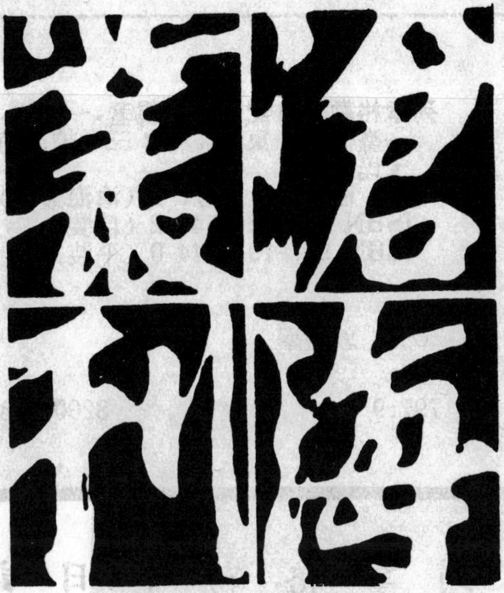

列寧格勒十日記

潘重規 著

東大圖書公司印行

國立中央圖書館出版品預行編目資料

列寧格勒十日記／潘重規著.--初版.
--臺北市：東大發行：三民總經銷
，民82
面；　　公分.--(滄海叢刊)
ISBN 957-19-1543-2 (精裝)
ISBN 957-19-1544-0 (平裝)

1. 敦煌學

797.9　　　　82004738

著　者　潘重規
發行人　劉仲文
著作財產權人　東大圖書股份有限公司
總經銷　三民書局股份有限公司
印刷所　東大圖書股份有限公司
地址／臺北市復興北路三八六號
郵撥／〇一〇七一七五一〇號
初　版　中華民國八十二年八月
編　號　E 82066
基本定價　叁元叁角叁分
行政院新聞局登記證局版臺業字第〇一九七號

ISBN 957-19-1544-0 (平裝)

列寧格勒十日記　目次

壹　列寧格勒十日記

像一片雲，飄，飄，飄，從南海飄到北海。雲片中，鏤着字：石窟、流沙、紅樓、黑水，這些字，像電流似的，催動着這片雲，飄，飄，飄，飄向北海之濱的列寧格勒！

一個陌生的城市、陌生的人民、陌生的文字語言、陌生的社會制度，加上種種的障礙，重重的限制，如果想踐踏着這陌生城市的泥土，除非走入虛無飄渺的夢中。現在夢遊已醒，夢影分明，追寫遊踪，我眞依然懷疑這只是夢！

一、啓程的前夕

一九七三年八月七日，我在巴黎裴亞蒙旅館，整理完紅樓夢新辨稿，倚着行裝，寫了一段自序說：「現在，我懷抱着一腔期待的心情，將要闖向渺渺茫茫晨光熹微的前路，我希望朝思暮想的御製詩做襯葉的抄本紅樓夢，能給我嶄新的見聞，作爲我寫『紅學六十年』新材料。」我此時的心情，委實得一個「闖」字。我在巴黎參加東方學會，曾主講兩次，一次講紅樓夢，一次講列寧格勒孟西科夫教授發表的變文雙恩記。孟西科夫教授是蘇聯漢學界的領袖人物，一萬二千個號碼的敦煌卷子由他負責整理。一九六三年，他編印了兩巨册列寧格勒的敦煌目錄，描寫了將近三千個號碼敦煌卷子，編印了東方古代文獻叢書，影印敦煌讚文多種。今年春天，新出版了變文雙恩記二册。他又和巴納邵克（Panasauk）教授合譯紅樓夢，他主譯的是紅樓夢中全部的韻文。這部毫無刪節的全譯本紅樓夢（*Coh B Kpachom Tepeme*）二大冊，在一九五八年，由蘇聯國立文學出版社印行。他早年看見我研究敦煌文獻和紅樓夢的論文，頗有同調之感；因此寫信歡迎我到列寧格勒參觀他研究的資料。我在東方學會閉幕之後，寫信給他，告訴將乘八月八日班機飛列寧格勒，臨到起飛前夕，沒有得到一字回音。巴黎到列城，只需四小時航程，去信二星期，竟然杳無消息，不能不繞室徬徨。許多可能的壞結果，不斷的在腦海衝擊。我茫然、悵然，最後抱着不顧一切的決心闖向前去。這是我啓程前夕時的心情。

二、踏上征途

八月八日，那天是立秋節。薄寒的清晨，于儒伯教授（Prof. R. Ruhlman）駕車來旅館，送我往波舒機場，辦清了各種手續，匆匆登上飛機，這個機場比奧里機場小，飛機也小。十時四十分起飛，不到四小時，降落列寧格勒阿洛弗洛（Aeroflot）機場，當地的時間已經是四時四十分了。核對入境證、檢查種痘紙、填具報稅單、打開行李箱給檢查人員略一過目，提起行李，走出機場，大約是六時左右。天幕陰沉，路面霑濕，像是雨後光景。坐上一輛小汽車，飛馳了半小時，到達預定的旅館。這一旅館名叫亞士陀里亞（Astorea），後來纔知道這是列寧格勒最富歷史性的一間旅館，可能也是列寧格勒最大的一間旅館。

三、希特勒勝利酒會預訂的場所

廣濶的列寧格勒市，橫亙着匿娃大河（River Nave），兩岸對峙着無數博物館、古教堂、大學校、美術館，橫跨着六百架長橋短橋，數不清的石獅石馬的雕刻，歷經彼得大帝的雄圖偉略，二百六十年來精心結構完成了一幅宏麗無比的大畫幅。二次世界大戰，被希特勒圍攻九百日，在砲轟彈炸下，血洗火焚，犧牲了這個城市百萬市民的生命，贏得了英雄城市的美名。當危急的時期，希特勒預計在一九四一年九月必定可以攻佔，所以預先印就了慶祝勝利酒會的請柬，寫明時間地點；地點便是我寄宿的旅館的大餐廳。除邀請的客人姓名有待塡入外，只是等待勝利的來臨。結果希特勒的好夢被英勇的抵抗所粉碎，現在被俘獲的勝利請柬，仍陳列在城市博物館，供人觀覽。

四、亞洲人民研究所列寧格勒分院

(Leningrad Branch of the Institute of the People of Asia)

亞洲人民研究所，原名東方研究院，當地人簡稱為「東方院」。我到達列寧格勒第二日(八月九日)的清晨，拿着一份地圖，從亞士陀里亞旅館，向北，折東，穿過海軍公園，沿着匿娃河岸，大約步行了二十五分鐘，尋找着拿勃雷士拿佳街十八號。一幢綠色牆的高樓，我用力推開沉重堅厚的木門，取出孟西科夫教授給我的邀請信，遞給門房的老嫗，她引我到辦事處詢問，纔知道孟西科夫教授本星期剛剛離開列城去渡假。我雖然失望，但在巴黎旅館斗室中徬徨的時候，早有許多不佳的預感，這只是不佳的預感的一種罷了。我無可奈何，用英語向辦事員申述，我是專誠來看敦煌卷子和紅樓夢抄本的。希望給我引導至東方院圖書館閱覽圖書。好不容易，纔請到東方院一位秘書。據說：東方院的敦煌卷子和紅樓夢抄本必須通過孟西科夫教授纔能看到，終於他介紹一位所果洛夫(Sogrof)教授，設法和孟西科夫教授聯絡。並約我明日中午再到東方院和所果洛夫教授見面。我悶悶不樂的步行回旅館，半小時的路程，除了博物館、公園、教堂外，沒有發現一間商店、飯館、咖啡室，只得回到旅館餐廳進食。餐廳富麗堂皇，食品也還精緻，只是價格比巴黎還要貴。又發覺在這裏水果似乎成為珍品，全餐廳的食客，沒有一個喫新鮮水果的。我喫過午餐，踱到旅館的書報攤邊，想找尋英文的雜誌或報章，竟然一份也找不到，甚至導遊手册、地圖等等，完全用俄文敍述。我是當地的文盲，沒法利用一份當地的讀物，來打發漫長的期待時間。我走到旅館另一角落，發現了旅行社的辦事處，於是參加了旅行社的遊覽團，不管他引導我遊覽什麼地方。午後二時半，我們登上遊覽車，同車的遊客有四五十人。車行大半小時，到達郊外三十公里的彼德戈洛夫公園。列寧格勒的公園，似乎比巴黎來得更濶大，但是不及巴黎修飾的精緻，像巴黎公園中用紅紫繽紛的花草構成的草地，似錦繡般的天然地氈，在這裏卻沒有發現。這裏只有大木成林，綠草成茵。遠望海港外碧波無際。這二百五十英畝的公園環繞着小丘陵，陂陀起伏的緜延到海邊，據說整個大公園，還有上公園、下公園等等的分區。其中最大的特色，是一百四十二個大噴泉，由二千多個噴水管在特殊輸水系統之下，以自然壓力供給泉水。當夏天全部開放時，塗金的雕塑藝術品、英姿颯爽的人像、飛騰活躍的駿馬，像水晶似的水柱，噴射出銀線雪珠，閃灼在陽光中，衝激濺洗這些藝術品，實在是動人心目的壯觀傑作。我隨着同遊人漫步約兩小時，聽導遊人有一句沒一句的用英語介紹，我帶有電影照像機，盡量攝取園景，回到旅館，已將近六點鐘，心中一直納悶，此行闖到這個陌生的地方，難道就是帶這些風景片回去嗎？列寧格勒七八月的天氣，早間四點鐘便已天亮，夜晚九點鐘——香港夏令時間十點鐘——還未天黑。枯坐在旅館室內，憑窗遠眺，眼前沒有一寸認識的土地，沒有一個認識的人物，這時纔眞正感覺到離羣獨居的滋味。

五、再訪東方院

八月十日，清晨六時起牀，在臥室內習拳。本來，旅館前是一片廣場，昨晨很高興跑到廣場練習太極拳。正如在巴黎時，每晨在廢王宮習拳，心曠神怡，極爲自得。有些路過的，或清晨散步的，有的是法國人，有的是黑人，往往停步觀看，甚至有等候半小時，待我習拳完畢後和我攀談的。但是昨晨練拳時，兩個壯漢，不管我正在練習當中，便拉着問長問短，我聽不懂他說話，只好向他搖頭苦笑，就這樣草草練習完畢，回到旅館房中，因此今天不敢在廣場上享受晨運的樂趣，古詩說：「客子常畏人」，正道出了我此時的心事。在旅館中捱到十一點鐘，忽然一陣急雨，只得請旅館電召一輛的士。到東方院後，見到所果洛夫教授，彼此言語不通，場面頗爲尷尬，我忽然想起和孟西科夫合編雙恩記變文的左義林女士，要求請她來相見。結果左義林女士和阿爾加女士從樓上研究室下來，纔知道孟西科夫教授沒有接到我巴黎的來信，以爲我在東方學會會議完畢後，打消了訪蘇之行，所以他離開東方院渡假去了。承她兩位打電話給孟西科夫教授太太問明他渡假地址，她們兩位親自去找孟西科夫教授。據說有兩小時火車路程，如果找到，可能下午四時回到東方院和我見面。又承她們引導我坐在孟西科夫教授研究室等候。正在忍饑枯候的當中，忽然來了一位女士，知道我是孟西科夫教授的客人，自我介紹說她名叫妥瑪妥米哈，在海參威大學教中文。她的中文姓名叫「張明海」，今年暑期休假，特地來列寧格勒進修，因爲列寧格勒和莫斯科是蘇聯全國兩個主要的漢學研究中心，各大學的中文教師，多選擇這兩個中心作爲進修的地方。張女士研究駢文，正在翻譯庾子山的哀江南賦和詠懷詩。我們在半口語半筆談的情況下，交換了許多意見，我也爲她解決了若干的問題，這樣很快就渡過了幾個鐘頭，她不知道我沒有進午餐，我也忘記了需要午餐，心中只是記挂住孟西科夫教授回來的足音，看看腕表，已到了五點半鐘，再過半小時，東方院便要關門。於是我邀請張女士同到亞士陀里亞旅館，先在餐廳進食。到了六點半鐘，我請張女士撥電話詢問孟西科夫教授太太，知道孟西科夫教授回到東方院時，我們剛好離去，他纔回家休息。得到電話半小時後，便趕來旅館和我見面。我本來以爲他可能年紀相當大，但出現在我面前的竟是一位英俊聰明爽朗的學者。他不但能用中文寫文章，而且中國話也說得相當流利。以一個沒有離開蘇聯一步的學者，居然中國語文能達到如此高深的水準，頗令人十分詫異。我們一見如故，從敦煌卷子談到抄本紅樓夢，從考古隊談到黑水城文物的發現，談了差不多兩個鐘點，天色似乎還早，他引導我往匿娃河畔小遊，一出旅館門，便經過伊薩克教堂（Isaac's Cathedral）。伊薩克聖僧册名的日期，正是彼得大帝誕生的日子。因此，彼得大帝建設彼得堡時，立卽命令建立這一最偉大、最美觀、最有名的教堂，同時卽定名爲伊薩克教堂。初期用木造，後來改用石造的教堂，高達一百零一公尺。耗費一百公斤的純金裝飾成的圓頂，發出莊嚴燦爛的光輝，矗立在天空中，從海上往來的船隻，幾十公里外便遙遙望見。金頂上的十字架高達十公尺，如果登上絕頂，列寧格勒全市便全在眼底，一覽無遺。全教堂有一百一十二根花崗石大圓柱，每一圓柱重量在百噸以上，回想當年匠人樹立這林林總總的石柱，眞是工程上的奇蹟。孟西科夫教授指示有些石柱上斑駁的裂紋，說這是希特勒攻城的遺跡。柱上鐫刻金字，說明當年遭受砲彈炸彈若干萬發的數字。孟西科夫教授不停的指點，滔滔不絕的講述。使我感到砲火的暴虐無情，似乎又在眼前重現。從教堂向北漫步林間草地，有許多紀念石柱石像，不遠就到了匿娃河畔底遜博里廣場。廣場的中心，一塊巉巖巨石，好像從山崖用利斧劈削下來，移置在草地上。巨石上雕刻一匹駿馬，前面兩蹄躍起，後蹄踏着長蛇，英武的騎士控勒着韁繩，遙望芬蘭灣，似乎要越過海峽飛馳而去。這就是詩人普希金所描寫的「黃銅騎士」（The Bronze Horseman），由歐洲大陸雕塑名家精心製造，用作彼得大帝紀念碑。孟西科夫教授說：當十七世紀初年，彼得大帝得黃銅騎士的助力，打敗瑞典的侵略者，在一七〇三年，便極力經營建設彼得堡（現在改名列寧格勒）。這個紀念物面對北方，足踏着的長蛇，是象徵入侵的瑞典的。我們徘徊憑眺，暮色蒼茫，偶然回頭一望，宏偉的伊薩克教堂的圓頂，聳立在樹杪之上，濃郁的林蔭中，忽然升起一面黃銅色的圓鏡，淡淡的光輝，薄薄的林影，眼前一片不可名言的美景，頓然忘卻世間的一切，什麼憑弔古今的感慨，什麼功名富貴，學術文章的馳求，一時消溶淨盡，只覺得胸抱中有一段說不出來熙怡的境界。沉醉在這境界中，久久的忘記了說話，我們漫步到河上一道大橋，橋頭雄踞着兩個大石獅。我們在石獅座下道別，在夜色迷濛中，循原路踏月回到旅館，已經是十點鐘過後。我沐浴休憩，纔感覺到倦意，躺在牀上，默想這漫長的一天，似乎經過了一個漫長的世紀。

六、閒居漫遊

第二天是星期六（八月十一日），東方院照例停止辦公。昨晚和孟西科夫教授道別時，知道今天是他女兒的十六歲生辰。他今日將款待女兒的中學同學和朋友，明日將邀約他的親戚，他還開頑笑說：「二八年華是很重要的啊！」因此我們約定下星期一上午十時在東方院相會。他特別囑咐張明海女士陪我遊覽列寧格勒名勝。所以今晨九點鐘，我等候張明海女士同在餐廳進早餐。食畢，步行往匿娃河濱的汽船站，擬作海上之遊，岸邊的遊人早已串線似的排隊輪候購票。我們遙望前面浩浩蕩蕩的人羣，張女士認爲正午以前，很難輪到我們，因此，改變計劃，步行往北岸，參觀戰神廣場紀念碑，據說無數的國殤埋在其下，碑上刻着一段極爲壯烈的文詞。我們步行兩三小時，感到疲乏，也覺得饑餓，又踱到大街一間名叫「北方」的食堂，據說是列寧格勒最大的食堂。列隊門外的食客都很耐心地等候。蘇聯的商店都是國營的，處處總免不了排隊，我們等候了約莫一小時，纔挨進食堂，獲得坐位。又等了半小時，纔得着所需的食品。草草喫完，我們漫步去參觀彼得大帝的小宮。簡陋的木屋，傳說是一七〇三年五月，彼得大帝花了三天時間所造成的。這個小木屋只有兩個房間，右邊是彼得大帝的書房和接待室；左邊他用來做餐廳和臥室。彼得大帝是有名的長人，高達二點零四公尺，他必須「鞠躬如也」的穿過門戶。傳說一個外國船長，偶然來到這簡陋的小屋，彼得大帝款待他晚餐，船長取出一套麻布製成的漂亮衣服，贈給這小屋的女主人。彼得大帝微笑的對女主人說，妳穿上這套漂亮的服裝，纔眞正像一位皇后了。眞相揭開，使得這客人惶恐困窘不堪，彼得大帝卻引爲大樂。我們在這一個號稱博物館、舊王宮的公園，盤桓了整個下午，直到傍晚然後歸去。結束了一日的步行，約定明日一試海行的滋味。

八月十二日，淸晨九時半，剛剛下了一陣小雨，天氣陰沉，仍有雨意，張女士帶了雨具，來旅館同往匿娃河畔的汽船站。今天陰雲密布，風力頗強，購票的長龍顯得大大的縮短。不到半小時，我們已購得船票。登上比香港渡海輪小得多的汽船，航行列寧格勒的命脈——匿娃河。匿娃河全長七十四公里，有十三公里是在列寧格勒市區之內。一切城市的建築物都拱向依偎着這條河流。自從彼得大帝開闢以來，列城一切設計，都是根據這條河流而設計的。河流的濶度，由小半公里到大半公里，我們乘船河上，兩岸連緜不絕的都是宏偉傑構。南岸的東方院、多宮、大博物館、海軍部；北岸的彼得聖保羅堡壘、普希金博物館、列寧格勒大學的理學院、文學院，加上無數橫跨兩岸的大橋，我們憑着船欄瞻眺，張明海女士指點講述，使我目不暇觀，耳不暇聽，心不暇記。大約乘風鼓浪航行了二三十分鐘，船出了匿娃河口，到了芬蘭灣，纔感覺到烟波浩淼之感。船停泊在海岸，上岸後，好似香港啓德機場伸入海中的狹長跑道，遙望宮室嵯峨，這便是極著名的彼得戈洛夫 (Petergrof) 公園，從彼得一世到一九一四年俄國大革命，二百年間都是俄國沙皇的夏季住所。遠遠地看見無數的噴泉大瀑布，像救火車水喉射出多少丈高的水柱，迸灑在數不淸的銅人銅獸的頭頂上。

原來此處正是前日隨旅遊團遊覽的地方。雖然今日天氣陰沉，但噴泉射出的銀液和金像發出的金光，依然是非常奪目。前日是由陸上自高而下，今日是從海岸自卑而高。在最高處一座兩層宏偉的樓房，他們稱之爲彼得宮，內裏陳列保存着彼得大帝和皇室的遺物，開放給民衆參觀，並不需要購票。我們到達的時候，大約十一點鐘，排隊等候參觀的人，似乎還不及昨日在輪渡購票的人龍之長，我估計有一二小時必可進入宮內，張明海的觀測似乎和我不同，但她不肯拂逆我的意思，便隨着人潮排隊鵠候，這隊伍中很多是一家人或一組人同來的，他們都輪流換班排隊等候，似乎這也是一種樂趣。我和張明海女士也仿效他們，不知換了多少番次，已經晌午一句鐘，我估計的時間已被粉碎。我們約定，除非傾盆大雨，將堅持下去。雖然天公作美，到三時以後，陽光大放晴彩，不過腹內卻感覺空虛。幸虧張明海女士從遠處的攤販，買了兩塊雪糕回來，倒也有充饑解渴之效。我們企立了不少的時間，縱然不致昏倒，但對着大好風景，卻做出「排班輪候」的蠢事，我暗自懊悔說：「除非宮內藏有敦煌卷子、古本紅樓夢，纔值得我這樣耐心苦等呢！」眼看着一羣人參觀出來，然後一羣人換班進入，好不容易，捱到下午四時，總算擠進了宮內，初入門處，一大堆的繫帶的大拖鞋，每人取一雙套在鞋上。免得弄汚地板和樓板。一羣人擠進一個房間，就有一個女職員擔任講述，大家草草看畢，又通過另一房間。不外是皇室的陳設、畫像、裝飾品。上樓下樓，穿房過戶，如此經歷十幾個房間，約莫一個小時，我們又擠出這一宮室。我留下的印象，不外是彼得大帝收藏各國的珍玩，其中有許多是中國的瓷器刺繡之類。我們像出籠的鸚鵡，感覺一片的舒暢。在斜陽掩映的大園林，依山傍水，實在想再流連一會，無奈自晨至午站立八小時，其間只享受了一塊雪糕。我們只好先找到彼得宮旁一間餐廳，吃了一杯奶茶，一塊蛋糕，然後迤邐走下去，遇到林下石凳木椅，便坐下來休息一陣，非常吃力的纔走到海邊汽船站，輪購船票的人龍，更是多得驚人。我們分開兩路輪購，幸而購得七時半的船票，回到旅館，進晚餐後，似乎天色還早，多謝張明海女士還教我幾句常用的俄國話，纔告辭而去。

七、初見藏書

八月十三日，星期一，晨十時，提起旅行袋，携帶手頭書籍紙筆，步行往東方院，孟西科夫教授已經在門首迎候，同往院旁一爿小咖啡室喝咖啡，遇見阿爾加女士和圖書館副館長。喝完咖啡，一同回到東方院的圖書館善本藏書室中，由孟西科夫教授陪同我入內，介紹兩位善本室的正副主任。然後引導我參觀敦煌卷子和黑水城發現文物。以前看見兩册目錄和西方學者傳說，始終不能確知敦煌卷子的數量。這次親見藏書，纔知道敦煌抄本編目雖有一萬二千個號碼，實際成卷的只有三百餘軸，其餘無論是一葉、半葉都算是一個號碼。我往年從小川教授抄來的一五一七號詩經卷子，實際上只是半紙殘書。我親自披覽之後，校正了我論文中一個錯字。這些卷子庋藏在大書橱中，果然成卷的不算多。孟西科夫教授又把他近年描寫的黑水城發現的漢文資料卡片給我看。據說，全部漢文資料達五六百種，最後，取出紅樓夢抄本三十五册給我過目。除書皮黏貼館藏編號簽紙外，完全保存原裝。這時，列寧格勒大學中文講師龐英先生也應孟西科夫之約來館。龐英先生正和孟西科夫教授合作校勘紅樓夢，他用蘇聯抄本作底本，和甲戌、庚辰、有正、全抄諸本對勘，這是一份對紅學極有益的工作，正和我們紅樓夢研究小組進行的工作如出一轍。我無暇和他們兩位討論問題，我急於翻閱全書的內容。從第一册看來，抄手的書法頗有趙孟頫、董其昌的筆意，似乎是翰林進士一流人物。第一册直從第一回抄起，前面並無序引凡例和作者署名。書本是用很薄的竹紙抄寫的。每葉都有襯紙，而襯紙卻是用清朝乾隆皇帝御製詩第四集、第五集拆散後反摺襯入的。這眞是絕大諷刺。皇帝的大作變成了無名氏小說的襯葉。不管他是有意或無意，總之把滿洲皇帝蹧蹋到面目無光了。我們瀏覽館藏最珍貴的中國文書，不知不覺，已經是午後一點鐘。孟西科夫教授邀我和龐英先生同往東方院食堂進膳。因爲範圍小，排候的隊伍也不很長，不久便購票取得菜飯，用過午餐，抱着滿腔高興回到東方院，希望坐下來細心閱讀夢寐求之的書籍。不料孟西科夫教授替我向書庫主任借書時，竟被直率的拒絕，說上午只是暫時參觀，如要正式閱覽，必須得上級批准。孟西科夫教授連忙替我申請，一面邀我到他研究室休息。一面將圖書館有關漢學的出版物十餘種撿出來贈送給我。我既感激而又失望，因爲給我看的不是我渴望看的。我感到眼前一分一秒的光陰都不應該讓他白白過去。於是我提議並邀請孟西科夫、龐英、左義林三位到我旅館喝咖啡，我將請教他們關於列寧格勒研究漢學的情況，並擬用錄音機錄音。承他們同意後，便一齊出門，走向電車站，同乘電車，擁擠的情形和香港差不多，每人投車費四「考培」（一盧布等於一百「考培」）入錢匭中，便從車票機拉出一張車票，撕下來，向司機一揚手，表示已經購票。像我言語不通，路徑不熟，如果無人領導，斷然無法乘坐公共交通工具的。我們到了旅館，圍坐在臥室中的條桌，大家見面不過兩三次，居然能破除一切客套。喝過咖啡後，便高談濶論起來。我請問孟西科夫先生研究敦煌學和左義林、龐英兩位研究中國學的情況。左女士用俄語發言，我說中國話，孟、龐兩位做翻譯，這樣談了整整一個下午，獲得不少蘇聯學術界的最新消息。我委託錄音機保留了我們的聲音，我將慢慢把它記錄出來，給關心它的朋友欣賞。談到傍晚，三位客人辭去。計算一下，今天上午忙於眼看，下午忙於耳聽，總而言之，今天所見所聞，全是見所未見聞所未聞，總算沒有白辛苦自己的耳目了。

八、等待又等待

八月十四日，星期二，早十時往東方院，又在門首和孟西科夫教授聚齊，照例喝過咖啡，然後到圖書室。原來領導人未來，申請尙待批准，要看奇書，惟有苦等。孟西科夫和我回到他的研究室，他取出他論蘇聯抄本紅樓夢的文章，和我討論。他認爲抄本是用御製詩集的襯紙做稿紙，而以詩集做襯葉；而我則認爲抄本是用普通竹紙做稿紙。到後來抄本披閱既久，書葉的中縫都裂開，不便翻閱。經收藏者重加裝釘，於是拆開御製詩集做襯葉，爲了竹紙很薄，所以把御製詩集反摺起來，將有字的一面隱藏在裏面，免得御製詩的文字透過竹紙，擾亂視線。由每一葉竹紙的中縫皆已裂開，而是粘貼在襯葉的邊緣上，這便是抄本重加裝釘的確證。這一事實，與抄本產生的時代有重大的關係。因爲御製詩第五集刻成在乾隆六十年，如用御製詩集的襯葉作稿紙，則抄本寫成的時間必在乾隆六十年以後。倘若只是重裝釘時用御製詩集做襯葉，則抄本寫成的時間便遠在乾隆六十年以前。這在紅學研究上是必須首先辨明的。如果不是親眼看見抄本，縱然此本影印出來，也沒法知道孟氏評介的錯誤。這不能說不是此行的收穫。孟西科夫教授聆聽我的意見，表示將要修改他的論文。他又將編寫黑水城資料的長編給我觀看。除了有北宋刻本呂惠卿莊子義、廣韻和茶酒新書等等，還有淪陷西夏的將士呼籲中原接濟寒衣糧食的書札，也有淪陷既久，自稱歸順匠人雕刻的書籍。許多事實可以補充正史的缺失，也可以震撼後世人的心弦。到了午餐時間，仍舊在老食堂排隊喫飯。孟西科夫教授知道我的心情，提議陪我遊覽列寧格勒。他這個導遊和我這個遊客，作了半日與衆不同的遊程。第一，不借助交通工具，全部是步行。第二，遊覽的節目，是任何旅遊社不曾安排過的節目。我們走出東方院，順着匿娃河經博物館、王宮廣場、藝術廣場、舊王宮、陸軍學校、普希金決鬪後逝世的舊居，穿穿插插，總離不開匿娃河的主流或支流，總少不了橫跨主流的大橋和橫跨支流的小橋，數也數不清橋頭路邊雕塑精工的石獅石馬。孟西科夫教授領我轉到匿娃大街，特別引我進入作家書店。凡是作家都可進入內部特別布置的閱覽室。據說，蘇聯學者作家的著作，均須經過委員會審查通過後，纔可交由出版社出版。出版社接受稿件後，交與社內編輯審閱，也可簽注意見，要求作者改正或補充。最後孟西科夫教授引導我到近郊的塑像博物館和墓塚。下葬此處的都是文學家、藝術家、科學家，有的樹碑，有的塑像，蟠據了人生最後歸宿地永恒不朽的一個角落。其中有寫寓言著名的克雷洛夫、音樂家柴可夫斯基等等。尤使人注目的便是詩人普希金，他墓地前後左右的鄰居，有他的妹妹，有他的朋友。我來到列寧格勒不過幾天，覺得遍處都看到這位詩人，紀念館、博物館、紀念碑、墓地，處處都有他偉大的影子。我想生長在這塊土壤的人該受他多麼深多麼大的感染。我們徘徊在墟墓之間，冷冷清清的斜陽，稀稀疎疎的樹影，默念古人「寂寞竟誰待，徘徊空自知，誰爲後來者，當與此心期」的詩句，似乎最切合我們此時的情景。我們一直流連到守墓人響起逐客的鈴聲，纔依依不捨地踏着「寂寞的道路」走回到塵世去。

九、正式閱覽

八月十五日，星期三。晨九時半往東方院。孟先生又同往咖啡室，因公家檢查，今天沒有開門營業。我們回到東方院，承孟先生親向上級請求，纔批准我的閱覽。孟先生立刻同我到善本室，我因爲敦煌卷子太多，所以先將紅樓夢抄本借出。當主任把三十五册抄本遞到我手上時，我雙手捧着，眞有甄士隱夢中看到通靈寶玉的感覺。我捧着書到隔鄰閱覽室細心閱讀，我把我胸中蘊積着的問題，把頭腦變成電腦，盡量的、儘快的向三十五册抄本中獵取。到午後一時，孟先生來閱覽室，同我去食堂進食，花費一個鐘點，回到閱覽室繼續閱讀，到五點鐘閱覽室關閉，我來不及和孟先生告辭，便趕回旅館。靜靜的把所看到的材料，加以整理，並準備明日研究的問題。次日九時半，步行往東方院。孟先生尚未到，我獨自上樓，借書閱覽。承善本室主任告知，今日閱覽室提早於下午三時關閉。我提高警惕，更加快速度進行工作。中午孟先生來閱覽室邀我去食堂，我婉言早餐多食過飽，加以推辭。我想，人生喫飯的機會太多，異域閱讀異書的機會太少。千辛萬苦換來十幾小時的閱讀機會，豈肯爲了喫飯而躭誤。孟先生似乎明瞭我的內心，含笑的走開。到了下午三時，孟先生又來陪我。聞名已久的列寧格勒最大的冬宮博物館，本來就在東方院的緊鄰，每日都想前往參觀，可惜開放時間相同，魚與熊掌不能兩全。今天閱覽室提早關門，我靈機一動，要求孟先生陪我去利用這難得的兩小時，參觀近在咫尺的最偉大的博物館。它的正式名稱叫做亞米塔奇（Ermitazh），意思是隱宮，俄國人稱它爲「博物館之博物館」（The Museum of Museums），館址是俄皇冬天居住的宮室，因此通俗都叫它「冬宮博物館」，它不但是蘇聯最大的博物館，也是與法國羅孚博物館齊名的博物館。它有五個相連的建築物。最大的是冬宮（Winter Palace），其他有小亞米塔奇（Maly Ermitazh）、舊亞米塔奇（Stary Ermitazh）、亞米塔奇戲劇院（Ermitazhny Teatr）、新亞米塔奇（Novy Ermitazh），廻廊甬道，窈窕相通。這個巨大的博物館，陳舊的綠色宮牆，外表看起來，並不十分輝煌，但是內部的收藏卻委實驚人。據一九六四年的藏品目錄，已有二百五十萬件以上的藏品。每一件藏品，如果你用半分鐘的時間去欣賞它，卽使你長住館中，每日工作七小時，取消一切休假日期，也需要九年的時間，纔能瀏覽一遍。叫我這個旅客從何處着眼呢！當我和孟西科夫步入前臨匿娃河流，後瞰王宮廣場的多宮博物館時，他說，這裏藏有從上古時期到畢加索（Picasso）的藝術作品，有全世界各國以及俄國本土的文物，我們實在無從選擇。我們進入畢加索立體畫陳列室、英法畫家陳列室、俄國歷代服裝陳列室，使我最注意的還是紀念彼得大帝的展覽室。內中陳列了大帝生平的服裝、勳章、武器、書桌，和生前種種的用具，還有他和他臣僚的畫像。彼得大帝喜歡製造機器、航海用具，瀏覽書籍，收集各地的藝術品，所以保存下來的遺物，許多都是他親手製造的。展覽室中有一座彼得大帝的坐像，陳列在一具大玻璃匣中。坐像的面部手足用蜜臘構成，頭髮卻是彼得大帝自己的眞頭髮，其餘部分用木材做成，以鉸鏈連屬起來，望上去栩栩如生。又從地面豎立木竿，上端兩公尺許深深刻一條凹痕，表示彼得大帝是超過兩公尺的長人。也顯示出他建立國家，抵禦侵略，開拓疆土的雄風。我在蘇聯境內短短幾天，腦海中浮起一個印象，似乎這個國家給人最多感染力的，一個是彼得大帝，另一個是詩人普希金。歷史之輪儘管不斷的旋轉，而深入心靈的民族性卻是牢不可拔的。我們盤桓兩個鐘頭，直到館門關閉，纔拖着疲乏的脚步由側門出來。出來時，我纔想起，今晚孟西科夫教授約到他住所晚餐。本來，前日上午，孟先生對我說，他和他夫人要招待我到他寓所晚餐。昨天又對我說，他夫人前晚臨時奉令，去莫斯科工廠解決技術問題，預定明日纔能返回列寧格勒。我心想主婦出門，家庭晚餐當然取消。不料孟先生今晨找到龐英先生代主中饋，預備烹調幾味中國菜餉客，因此出東方院後，便同孟先生步行到他的寓所。沿路經過有歷史意義的建築物，他都一一向我說明，使我獲得不少知識。

十、友情洋溢的晚餐和話別

孟西科夫教授的住所，在近市中心的一幢舊式洋樓，頗似香港一梯兩伙的大厦，和巴黎舊樓宇也差不多。他住所在三樓。他和我回到家裏時，大約是下午七點鐘。用香港人的眼光看，這是面積約一千尺、四房一廳的唐樓。一進門左手邊便是他的書房，房內和過道貼牆的高書架，一眼望去全是中國書籍。經過過道，便是一間不算大的客廳，當中一張長桌，右角靠牆擺着一張大鋼琴，琴蓋上攤着一册他女兒習琴的莫札特樂譜。由客廳右轉，一長條的地方，左手邊一排三間房，一間是孟氏夫婦的臥房，一間是他女兒的房間，一間是他男孩子的房間。他的女兒讀高中，剛剛過十六歲生辰；他男孩廿一歲，列寧格勒中文系三年級的學生，都已出外渡假。女兒房間掛在牆上的是一幅複印中國畫。男孩房間書桌前挂着一條黃山谷行書拓片。這一溜長的過道，也是貼牆書架，插滿中西圖書。他順手取下兩册他和朋友合譯的俄文本紅樓夢給我過目。過道盡頭便是厨房和洗手間。龐英先生和他夫人的姨母正在忙着切肉洗菜。他們看見客人來了，卽刻在煤氣爐上燒一壺滾水，預備泡中國茶葉款客。孟先生從玻璃櫃中取出茶壺茶杯，沖了一壺綠茶，茶具似乎還算齊全。我們參觀了他整個家庭，坐在客廳飲茶。八點鐘過後，孟先生的母親從城外乘火車趕來，張明海女士也來了，還帶了一束花送與主人。孟先生的母親買了兩盒點心，像香港美心餅舖的製品，但是味道十二分甜。他母親一定要我嘗試，想來必然是不易獲得的珍品。差不多九點半鐘，龐英先生的夫人帶着兩個女兒也來赴宴，兩個女兒似乎都不很會說中國話。大女兒中學畢業，正考完列寧格勒大學入學試，讀的也是中文系。入學試須四科合格。龐小姐剛考完體育，成績是四分。其他三科都得到最高分——五分。凡成績好的可以得獎學金。龐小姐成績優異，每月可得獎學金六七十個盧布。據說，蘇聯退休養老金，規定不能低於六十盧布。這個數目似乎是一般人的普通生活費。前幾日龐英先生提到他女兒考入學試時，神情非常緊張，今天則特別高興。他們的心情似乎和香港家長們也沒有什麼差別。人客到齊，我們主客九人圍坐長方餐桌。龐英先生拿手的炒牛肉、炒豬肉是晚餐的主菜。我素來不飲酒，只嘗了幾口俄國清酒。龐英先生說：冰箱中還有女主人預備款客的海參，可惜女主人匆匆出門，沒有早日泡製，無法烹調，我們只可心領了。我們主客們缺少彼此交談的語言，卻有互相達意的技術，居然也能暢談歡敍起來。話題中偶爾談到三十年前希特勒圍攻的情況，那時候孟西科夫教授纔只是十五歲的少年。他父親是參加戰爭的軍官，他的大哥則在列寧格勒外圍森林中打游擊戰，他的母親是市立學校的教員。孟西科夫教授跟隨祖母避居在列城數百里外一個小鎮。九百日的圍城，他的母親只設法出城探視過他們一次，他們勸她留下，但她仍毅然回到圍城中，負起她神聖的工作。圍城時每一工作人員只配給半磅麵包，不擔任工作的居民更要減半配給。孟氏的母親談及圍城中的人把皮鞋皮帶全部煮食淨盡，她指着桌上的麵包說：「那時粗糙的麵包，可不像現在的麵包哩！」我們越談越高興，孟氏的姨母也從她懷裏掏出一枚鍍金徽章，原來是圍城十年後發給她的紀念品，沒料到這位傴僂矮小的老嫗，也是當年游擊隊的看護。列寧格勒三百多萬英勇的市民，替列寧格勒贏得「英雄城」的美名，眞是全世界愛護自己國土的人所當效法的啊！我舉起酒杯，向他們笑着說：我要爲在座的英雄們敬酒時，她們都感到樂不可支。我們在這樣歡樂的氣氛中談談笑笑，不知不覺已到十一點鐘。我不識道路，不通語言，尤其在深夜，我無法返回旅館。我請主人通電話召喚的士，的士公司答復須兩小時後纔有車派出，原來的士公司的老闆也是政府。我們等到午夜還沒有消息，孟西科夫先生提議送我乘地下火車回去，因爲電車已經停駛，如果到凌晨一時，地下火車也停止通行，那時便無法回去了。我惦記着明日是我最後一日閱讀敦煌卷子的機會，必須回旅館小作休息，因此也顧不得痲煩主人。讓他同我步行到地下火車站，進入隧道，往下一看，好似陡坡插入無底深潭。記憶中，巴黎、倫敦、紐約、東京的地下鐵，遠遠不及它的深度。若不是孟先生引我進入地下火車，我眞要學阮籍窮途痛哭了。我們很快便從伊薩克教堂附近車站出來，仍花費了十五分鐘的行程纔到達亞士陀里亞旅館門首，這時已經是子夜十二時五十分，應該是八月十七日的凌晨了。我向孟先生道謝，並表示十二分的歉意，在這深夜凌晨還勞擾主人遠送，回去又無交通工具，實在是萬分不安。孟先生說：「我是列寧格勒人，自然有辦法回去的！」我心中暗想，這世界上最愛他的城市的人，恐怕「列寧格勒人」要算是首屈一指的罷！我匆匆回到臥室，就寢時已是一時半，睡到六時半起牀，還是練拳進膳這一老套，到十點鐘便趕到東方院。今天閱覽室又關門，必須在孟先生特設在藏書室的工作桌上閱讀，但是孟先生尙未到館，我看着最後一天閱讀時間一分一秒的過去，我顧不得禮貌問題，只好請孟先生的同事用電話催促他，原來他昨夜太勞頓，而他夫人今早八時又由莫斯科回家，所以硬把他從夢中叫醒，他匆匆趕來東方院已經上午十一時了。他和我到他工作的地方，把黑水城和敦煌的卷子，擇要的給我閱覽和抄寫。我一直披讀到下午六時，孟先生纔和我走出東方院，沿着河堤，漫步王宮廣場、藝術廣場、黃銅騎士峙立的廣場，眺望匿娃河上的晚景，我們同到我住的旅館，孟先生又通電話叫他太太來，大家見面，因爲我明晨六時便要離開旅館往飛機場，孟先生沒法來送我。所以我們坐在伊薩克教堂和亞士陀里亞旅館之間的廣場石椅上，依依話別。孟太太是女工程師，非常文秀，和孟先生眞是一對璧人。我和她開頑笑說：「孟先生滿屋的中國書，妳有興趣欣賞它嗎？」她回答道：「我不能讀中國書，但我能識中國一個『人』字：人字一撇一捺，我翻開孟先生的書，找着『人』字，我便不至於把中國書倒轉來擺置了！」我笑說：「發明這聰明的辦法，也可以得中國學的榮譽博士了！」我們一直留戀到午夜纔正式道別。孟先生最後對我說：「希望你這次到列寧格勒不是最後的一次。」我和這位初次聚會不到十天的異國朋友，不禁黯然從心坎深處，發生離別之感。我懷着惆悵的心情，直到次日清晨，又像一片白雲，飄上飛機，飛向巴黎。我悽惘、我感慨、我驚奇，人類的性情，學術的交誼，有時確是可以衝破人世間的一切藩籬、一切障礙。我希望這次聚會的一段眞感情，能永恒的互相存在，不論是發生在相見的第一次，或最後的一次！

列寧格勒歸來一月後，記於九龍又一村寓居

貳　我國在列寧格勒的國寶

六十二年暑假，出席巴黎第二九屆東方學會。會畢，訪問列寧格勒東方院分院。曾與孟西科夫教授晤談，得知列寧格勒所藏我國的國寶，如敦煌卷子、石頭記抄本、黑水城資料的概況。玆將孟氏談話記錄如次，藉以略覘列寧格勒諸學者研治中國學的最近動態。

重規記於九龍又一村寓居

一、敦煌卷子

蘇聯東方院列寧格勒分院所藏的敦煌卷子，全部約有一萬二千個號碼。內中有數百件是一九〇六年烏魯木齊俄國領事克洛特可夫（Н. Н. Кротков）、副院士馬洛夫（С. Е. Малов）在新疆獲得的，其餘都是鄂頓堡格（Ольденбург）院士新疆考察隊帶回來的。一九一四、一九一五年，他在敦煌工作，獲得這大批資料；以後，俄國的學者就利用它一步一步的研究。最早，佛魯格（Флуг）記錄了列城敦煌抄本約二千個號碼。他曾發表二篇短文，一篇關於佛教卷子，一篇非佛教卷子。由於他戰時死去，故著作很少。從一九五六年到現在，蘇聯學者不斷的努力研究，我個人編印了敦煌抄本目錄二冊，約三千個號碼。其餘尚未發表而已描寫的約六千個號碼。另一整理敦煌文獻的工作，是發表敦煌變文珍本，已出版的，有十吉祥變文一冊、雙恩記變文二册、敦煌讚文一册，這些都是研究關於敦煌文學的工作。此外有四、五百種文書，包括經濟資料、政治資料、佛教廟宇資料等，均由朱古葉斯基（I.И. Чугевский）先生研究。已交出版社準備出版的第一册，有七十五篇文書。他將陸續發表這批資料。他又發表了一篇題爲「敦煌學」的文章，內容包括全世界敦煌學者的工作綱要。我們又將根據敦煌卷子的題跋，考察敦煌抄本本身的歷史，雖然蘇聯擁有的資料不多，但兼採外國資料，還是可以做出貢獻的。

二、石頭記抄本

俄國人非常愛好長篇小說，都認爲紅樓夢一書可與世界任何最高的名作媲美。我在一九五八年和我的朋友班拿勁克（B.A. Панасюд）共譯紅樓夢全文，他譯散文，韻文則由我擔任。其他在莫斯科的學者班斯尼娃（A.Д. Позднеева）、李福清（Б.

Л. Рмфтим)、斯馬諾夫（В.И. Семанов），以及在列城的費希門（О.Л. Фимман）也參加研究。李福清先生發現了在列城的前人所未發現的抄本紅樓夢，因他不在列城，故請我共同工作。我們發表了一篇「新發現的石頭記抄本」的文章。這篇文章由日本小野理子翻成日文，現從潘重規先生知道香港也有部分中文翻譯。我們現在計劃和龐英先生將這抄本整理全部發表。其底蘊雖尚未盡明，但確信如要知道紅樓夢一書創造的歷史，我們斷不可忽視此一抄本。

三、黑水城資料

黑水城，我們常用蒙古語哈拉火陀（Хара-Хото）稱呼它。黑水城的發現很有趣，蒙古人傳說沙漠有死城，一般都不相信，惟獨俄國旅行家柯智洛夫（П. К. Козлов）一人篤信不疑。果然一九〇八年他在蒙古發現了死城古蹟，並從該處著名佛塔中獲得很多文書。大部分是死去了的語言的西夏文書，小部分是寫或刻的漢文書。因爲這些發現的文物，都是世界上前所未見的，故自一九一一年，世界學者紛紛欲加探索，蘇聯學者伊鳳閣（А.И. Иванов）、漟夫斯基（Н. А. Невский）、德拉古諾夫（А. А. Драгунов），戰前已從事研究，其中最著名的，要推第一個能通曉西夏文的漟夫斯基。一九六〇年他發表了西夏研究二册，可稱爲西夏語文的偉大作品，使此後西夏學研究得到了迅速的進步。現在我們科學分院繼續漟夫斯基工作的，有基車諾夫（Е. И. Кичанов）和他的助手特倫第夫（А.П. Терентьев）、卡但斯基（Катанский）、克根格（К. В. Кегмнг）、果洛可洛夫（В. С. Колоколов）等，發表了許多西夏文資料。如西夏文海、西夏文的四書五經之類。又將出版西夏文的對聯，西夏的法律等等。除西夏文的資料外，也有中文的資料。第一個來列寧格勒研究中文資料的法國伯希和，但他只研究了二十三種。後來佛魯格也研究這些資料，也寫了幾篇文章。現在我已編竣中文資料全部目錄，約有五百個號碼左右。其中最著名的刻本，如劉知遠諸宮調、呂惠卿莊子義，還有許多書籍，像新雕文酒清話，可能是中國最早的一本完整的笑話書。其他抄寫的文書也不少。西夏因缺乏紙張，他們往往用中國文書的背面，印行他們自己的書籍，如文海之類。因此這些文書，正反面都是珍貴資料，水滸傳裏的好漢，如張順、史進的姓名也在上面發現過。這些文書，最早的爲一一一八年，最遲的爲一一三三年。但也發現有少數北元時代的文書，因爲黑水城是北元首都，那時的人，把這些文書塞進著名佛塔的孔洞內，居然能夠保存了下來。很有趣味的是黑水城遺留下來的刻本，多數附有插圖。我曾計算過，除去重複的，仍有三十四幅。我們的學者有去過巴黎的，發現我們的插圖確是稀有的珍品。最後，我要說明黑水城資料有些混入敦煌卷子中的緣故。當初黑水城資料用箱裝好，存入書庫時，偶有從箱裏跌出，管理人員沒注意，大約有二十件左右放置在敦煌抄本中。以前我編的兩册敦煌目錄，其中攙雜有少數黑水城資料，未曾剔除。但在索引中註明哈拉火陀（Хара-Хото）的，卽是黑水城資料。現在我已將黑水城資料全部分辨清楚，編成完整的目錄。

重規案：孟西科夫教授能操中國語，此篇記錄他的談話，盡量保存他原來的語氣。關於黑水城資料，可參考羅福萇「俄人黑水訪古所得記」、向達斯坦因「黑水獲古紀略」（均見國立北平圖書館館刊四卷三期，臺灣學生書店影印本）。

叁 變文雙恩記試論

一、前言

民國二年（西元一九一三年），俄國考古團從我國西北運去一大批敦煌卷子，庋藏在列寧格勒博物館。直到一九六三年出版了孟西科夫教授編撰的敦煌卷子目錄第一册，國際學者纔對蘇聯所藏敦煌卷子有一較明晰的認識。一九七二年，孟西科夫和左義林女士合編雙恩記二册出版。今年三月，我收到編者贈書，原來雙恩記卽是此目錄一四七〇號的佛報恩經講經文。由於這獨一無二、前所未見的新卷子面世，令全世界關心敦煌學的人士，都由衷的增添了一分喜悅。

據編者寫的英文提要說：「變文雙恩記是蘇聯亞洲人民研究所列寧格勒分院所珍藏敦煌資料中的手抄孤本。現存第三卷、第七卷、第十一卷。第三卷所引經文，出自大方便佛報恩經序品第一；第七卷、第十一卷則出自佛報恩經惡友品第六。此變文的文體是講經文；其形式是引述經文加以解說，繼之以韻文的反復咏嘆。第三卷原文，開始卽引述經文第一句，是每一經文普遍的形式，說明集會的地點、時間、聽衆、講經者等等，卽所謂『六種成就』。變文第七卷和第十一卷，描述善友和惡友兩王子兄弟入海求寶的故事。推算起來，變文的開端部分可能有四卷，其中包括『押座文』的前驅和『開題』的解釋。而兩王子的故事可能有十一卷或十五卷。因此，雙恩記的全本，可能有十五卷或十九卷。就我們所知，講經文是中國文體中最長的敍事文。雙恩記的形式更複雜，它引經文疏解咏嘆之外，另一特徵是有時不確引經文，僅給予說明解釋。後來變文的發展，必起因於此種工作。我們可以認定宋代講史平話是與講經文有密切的關聯，因爲我們發現三點：第一，『講經』和『講史』第一個字同是『講』字；第二，講經文和平話，在措辭結構方面相似；第三，以敍述代替經史引文，也復相似。在今日，追溯講史、平話長篇敍述式文體之起源，可見者惟講經文而已。至於雙恩記韻文部分，可分兩類，卽包含四或八行之短詩，及可以八除盡無定行數之長詩。其最特殊處爲長短詩之相互關係，與晚唐時期平仄換韻規格之詩體甚爲相似，其淵源影響，於此可以窺見。此抄本之字體與其他變文相類，但有時遇到宋代字體，此點可能假定此變文爲十世紀末或十一世紀初之抄本。現在出版的雙恩記，包括了序文、原卷的譯文和注釋、原卷的影印本、文法解釋和語彙。附錄中列表注明特殊的敦煌字體和通行宋體字的異同，以供讀者參考。」以上刪取編者對雙恩記的簡介；以下提出我讀後所見，加以討論。

二、雙恩記的行款

雙恩記全書現存六百八十四行，每行十四、十五、十六字不等。第一行標題「䨥恩記第三」，至第二百三十七行「遍天地垓羅未省纖起」止，詞氣似未完。第二百三十八行標題「䨥恩記第七」，至四百六十行，末標「佛報恩經第七」。此卷字體略小，筆法與第三卷也異，似出自另一抄手。第四百六十一行標題「報恩經第十一」，至第六百八十三行尾題爲「佛報恩經第十一」。此卷字體也比第三卷略小，字跡又與第七卷不同。從字跡看來，不算太草率，卻談不到精工，也不曾仔細校勘，如第九十六行「經說此處」，曾在「說」字旁作乙號，校正爲「說經此處」。但第一百七十六行「無於量」，應作「於無量」；一百七十八行「菩者提」應作「菩提者」；「薩者埵」應作「薩埵者」，像這類情況，都未加校正。

三、雙恩記抄寫的年代

雙恩記不是全本，首尾殘缺，沒有作者的署名，所以無從知道作者是誰。也沒有抄寫人的題記，因此不知道抄寫人的姓名和時代。不過從文字的形體風格，還是可以推測出抄寫的年代。孟西科夫教授認爲抄本有宋代字體，因此假定此變文爲十世紀末或十一世紀初之抄本。西元九六〇年是宋太祖建隆元年；一〇三四年是宋仁宗景祐元年。卽是假定爲宋代初期的抄本。不過據我看來，晚唐宋初的手寫字體，並沒有明確的區分，但從此卷「民」字都省筆避諱，如三一二行「耕稼之民」、三七四行「民不怨」、三八七行「民辛苦」、四二一行「凡小人民」、六五七行「多少人民」，「民」字都避諱作「𡰥」，二四三行「愍二苦之太甚」、二八〇行「何偏傷愍人駈役」、三五七行「若有悲心愍憔悴」、六二二行「再三愍念」，「愍」字都避諱作「𢡟」，這是唐人寫本避唐太宗諱的現象，看來此變文可能是五代以前唐人的抄本。

四、雙恩記的取名

現存敦煌講經文，多缺標題，如敦煌變文集所收金剛般若波羅蜜講經文、佛說阿彌陀經講經文、妙法蓮華經講經文、維摩詰經講經文、佛說觀彌勒菩薩上生兜率天經講經文、无常經講經文、父母恩重經講經文等，原卷都缺標題，都是後人據內容補擬的題目。其中維摩詰經講經文，卷尾題有「持世菩薩第二卷」、「文殊問疾第一卷」，父母恩重經講經文有「誘俗第六」的尾題，這些可能是全篇中一部分的小題。講經文有正式的題名的，「雙恩記」似乎是第一次的發現。這本變文第一部分題名「雙恩記第三」；第二部分首題「雙恩記第七」，尾題「佛報恩經第七」；第三部分首題「報恩經第十一」，尾題「佛報恩經第十一」，第一二九行「說報恩經於此處」、第一六六行「於佛會之中聽說報恩經典」、第二一三行「知佛欲說大報恩經」、第二一六行「聞說報恩演暢」，可見變文是根據「佛報恩經」來演講，而由演講寫成的變文，則題有正式的專名爲「雙恩記」。故就其所本則爲「佛報恩經」，就其演說之變文則名爲「雙恩記」。此變文第二部分首題曰「雙恩記」，尾題曰「佛報恩經」，便是最明白的證據。此變文第三部分稱其本經，第一部分則稱其新名。大概隨俗稱呼，均無不可。這是此一首次面世的講經文，給我們的最新創獲。至於雙恩記取名的意義，可能由於報恩經中屢次提到知恩、報恩的緣故。報恩經論議品第五云：「佛告阿難，當念父母及善知識恩，是故知恩常當報恩。」又親近品第九云：「佛告阿難，若有善男子善女人，知恩報恩，當行四事。一者親近善友，二者至心聽法，三者思惟其義，四者如說修行。復有四法，一者隨法不隨人，二者隨義不隨字，三者隨智不隨識，四者隨了義經不隨不了義經。行此八法名爲知恩，復行八法是名報恩。何等爲八？一者利，二者衰，三者毀，四者譽，五者稱，六者譏，七者苦，八者樂。復行四事。是名知恩，亦名報恩。」佛報恩經中提到菩薩知恩報恩，在十次以上。有時也連說念恩報恩，如議論品第五云：「佛告阿難，當念父母及善知識恩，是故知恩常當報恩。」又親近品第九云：「如來今者念汝重恩，如來今者欲報汝恩。」念恩和知恩意義接近。惟知恩，乃能報恩，能知恩報恩，這便是雙恩。變文稱爲雙恩記，可能是取義於此。可惜此本首尾皆缺，無從看到作者自己的說明，只好提出我個人的意見，供專家讀者們考慮。

五、雙恩記的評價

雙恩記是現存講唱文學裏的重要講經文之一。孫楷第「唐代俗講軌範與其本之體裁」一文（見一九六五年十二月中華書局出版滄州集卷一），對講唱文學有精確的說明。他說：

講唱經文之本，其體與名德之講同，而頌讚頻繁，述事而不述義。其節次，講前讚唄，今所見押座文是。次唱經題名目。次就經題詮解，謂之「開題」，亦作「發題」（原注：發開同義）。次入文正說。正說時先摘誦經文，謂之「唱經」。次就經文解說。又次吟詞偈。如是每摘誦一次經文，卽繼以說解吟詞各一段，至講畢為止。講畢，又讚唄。此其大較也。初講謂之「發講」，亦作「開講」。講畢謂之「解講」。其經文繁者，往往講經須若干時日，非一次所能了。今所見俗講維摩詰經講唱文，卽兼句講演之本也。

現在根據孫楷第先生所說，把雙恩記來印證一下。雙恩記卷三從「如是我聞一時佛在王舍城」起，正是初講的開端。可見卷一、卷二應該是「押座文」或「開題」之類。正說時先摘誦經文，由都講唱經；唱經之後，由法師解說。孫楷第云：

講唱經文之體，首唱經。唱經之後繼以解說，解說之後，繼以吟詞。吟詞之後，又為唱經。如是迴環往復，以迄終卷。此種吟詞，與解說相輔而行。近世說書，尚沿用此格。今按其詞，卽歌讚之體，彼宗所謂梵音者。蓋解說附經文之後，所以釋經中之事；歌讚附解說之後，所以詠經中之事；用意不同，故體亦異也。按：以詩偈頌讚，經論中多有之。其偈或陳語言，或嘆德美。以敘說與偈結合，實與此唱經本同。唯此廣其意，例以歌讚附敘述之後耳。又按其文字，實是講經之本，以敘述附經，相當於經疏。去其白則同着偈之經，去其歌則為無讚之疏。今以附歌讚之經疏視之，實至妥貼也。

雙恩記的體式，正和上引孫氏之說相符。如卷三「如是我聞一時佛在王舍城耆闍屈山中」上，加一經字，表明是歌唱的經文。接着「如是兩字信成就，我聞兩字聞成就」以下便是解說經文。直到第四十行「牛羊蘇乳能奇異，變造多般諸巧伎」以下便是吟詞。在「牛羊蘇乳能奇異」之前注一「韻」字，表明以下是吟詞韻文。到一二九行、一三〇行云：「說報恩經於此處，有幾多羅漢唱將來。」此等限來字韻，末句為「……唱將來」之句，皆所以引起經文，乃純為唱經之催聲。故接着便是經文「與大比丘……」，又加以解說。全篇中第一七五行「合應有菩薩也唱將來」、第二〇六行「更應有天衆也唱將來」、第二九〇行「大家安樂唱將來」、第三三〇行「阿誰諫諍唱將來」、第三六八行「阿那邊足利唱將來」、第四二八行「愜意不愜意唱將來」、第四五三行「太應不樂也唱將來」、第五二〇行「阿誰看守也唱將來」、等五五四行

「還到何國土也唱將來」、第五八二行「問善友到何安泊也唱將來」、第六二二行「再三慜念也唱將來」、第六五七行「何似生音指也唱將來」、第六八〇行「被阿誰借請也唱將來」，這都是唱經的催聲。在長篇敍事的文章中，加插提頓鉤勒之筆，也確有點明情節發展和提醒聽衆的作用。

至於吟詞方面，有長短二種，短的多七言八句，在雙恩記全部二十三個偈裏面，有七個未曾標明偈字（第三三五、三七三、三七九、三九七、五五八、五六五、六六二行），可能是脫漏。只有第二七二行標「詩曰」。其餘十五個都標明爲偈（第二四九、二六一、二九八、三四二、三八三、三九一、四三三、四六六、四七五、五〇〇、五二三、五三七、六〇四、六二七、六三六行）。且有敍明偈語的作用，稱爲偈讚（四三三行）、偈告（四七五、五三七行）、偈問（六〇四行）的。這種短偈頗近於律詩。另一種長的也是七字句，中間偶然參雜長短句，結句引起唱經文的較長，或八字，或九字不等。其體式略如詩家的古風歌行。有些標注曰「韻」，有的也省略不注明。據孫楷第的說法，這長短二種的吟詞，都同屬詩偈，並非兩種體裁。他說：

此長短二種，短者卽後來詞話的詩，長者卽詞話中吟唱之詞，就形式言之，似二者體製不同。然以余考之，則此等長詞，固亦是詩偈，與注詩偈之詞，僅長短之異，初非二體也。蓋經論中所插偈，或長或短，本無一定。短者數行，長者乃至數十行。卽名德效經偈作頌，有極短者，亦有極長者（原注：如宋罽賓國僧求那跋摩遺偈三十六行，乃長偈之著者，高僧傳卷三本傳載其文）。此諸長詞在講唱經文中，與詩偈同為頌讚之詞；與經中之長偈頌讚者亦同，則其應為偈，實無可疑。

孫楷第推論講唱文的體裁，主要是憑藉敦煌發現的維摩詰經講經文，現在又有雙恩記面世，無疑的是維摩詰經講經文以後又一重要的發現。

關於雙恩記的內容，較之其他講經文也有其特出之處。現存講經文，如金剛般若波羅蜜經講經文、佛說阿彌陀經講經文、妙法蓮華經講經文、維摩詰經講經文、佛說觀彌勒菩薩上生兜率天經講經文、无常經講經文、父母恩重經講經文，都是講唱兼施，富有吸引力和感染力的宣化工具和通俗文學。不過內容比較偏於說理，而演繹出來的情節也比較單純。惟獨雙恩記依據善友、惡友兄弟兩王子的故事，發揮描寫，曲折離奇、驚險哀艷、高潮迭起。其入海求珠，似乎看到小說西遊記的詭怪神奇。惡友奪珠刺目，似乎看到傳奇中山狼的險惡奸邪。牛王護身，以舌舐眼，拔出竹刺，又儼然是大雅生民后稷誕生的一篇神話。盲士隱姓埋名，街坊彈箏乞食，又聯想到高漸離慷慨擊筑的一段悲涼故事。利師跋王公主鍾情盲士以下的故事，證明有眞愛情的可使不盲者盲，也可使盲者不盲。可惜以下講經文已殘佚，否則，敷演出來，也將和牡丹亭離魂倩女同樣動人心魂。我們讀遍所有的講經文，感到雙恩記的故事最爲突出，將死生離合、善惡悲歡，描寫得淋漓盡致、情瀾壯濶，眞是動天地泣鬼神的傑作。這種作品出現，不但發展成平話小說、韻語彈詞；內容方面，更有促進後起作家多方嘗試的啓發作用。因此，雙恩記的出現，豐富了講唱文學的資產；同時，也應該給予它本身相當崇高的地位。

六、雙恩記文字的校訂

雙恩記的抄手不佳，也未經精細校對，所以錯字、脫字滿紙皆是。還有當時通俗的手寫字體，和正式楷書有時差異到幾乎不能認識。孟西科夫教授在附錄裏的字體對照表，是有其必要的。不過，表中校訂的文字，遇有疑問的，他都加一問號「?」。如第四〇五行「含」，孟訂爲「舍?」，其實原文「普令含織」，應該作「普令含識」，「含」不是「舍」，而「織」應當作「識」。第四九四行「諧」，孟訂爲「該?」，按原文「諧」，當是「諧」字。原文「謂之悲喜兩盈懷，大願今朝已允諧」，「諧」與「懷」韻。第二六九行「㸦」，孟訂爲「牙」、第二五九行「㸦」，孟訂爲「芽」、第六六六行「㸦」，孟訂爲「?」，按六朝唐人俗寫「互」爲「㸦」，三「㸦」字皆是「互」字。第六四行「[illegible]」，孟訂爲「[illegible]（脊）?」，我疑爲「睿」字。第一一〇行「僆」，孟訂爲「藝?」，我疑當作「護」。第四六八行「湣」，孟訂爲「?」，按當爲「諳」。第一八九行「斯」，孟訂爲「?」，按原文云：「無恨怨酬無愛春，不憐毫富不斯貧」，「斯」當爲「欺」、「毫」當爲「豪」、「春」當爲「眘」。第一三七行「的」，孟注「?」，按原文云：「永割親愛，無的莫故」，「的」蓋「適」之誤。論語：「無適也，無莫也」，此用論語。這些是表內注明問號的。其他無疑問訂正的字，也有不正確的。如第五一七行「推」，孟訂爲「儺」，原文「莫眠莫慢莫遲迴，莫信因循莫妄推」，「推」、「迴」押韻，「推」字不誤。又第一一八行「聲聞各總居權地」，孟誤認「權」爲「推」。第五五一行「石作心肝見也摧」，孟誤認「摧」爲「推」。又第一九三行「權菩薩之形儀」、一九九行「所以權爲菩薩相」，孟均誤認「權」爲「推」。又第三九七行「此計思量更不名」，孟改「名」爲「明」、第五九五行「念伊癡騃喚伊名」，孟改「名」爲「命」，兩「名」字皆不誤，不應改。又第六五六行「調弄琵絃曲暗排」，孟改「暗」爲「安」，按上句「摩挱頭面情私喜」，「私喜」與「暗排」對文，「暗」字不誤。第三四九行「雖依玉敕暫出」，孟改「暫」爲「漸」，按「暫」字不誤。第二八七行「子未披申永繫懷」，「申」字不誤，孟改「申」爲「甲」。又第三五五行「忝作丈夫兒」，孟認「丈」爲「才」，按當爲「丈」字。又第二四四行「蒻」，孟讀爲「搦」，按當爲「弱」。原文「強弱欺者，幾時解息於寃家」，當作「強欺弱者，幾時解息於寃家」。又第四七四行「元是誘兄珠之去處矣」，孟認「誘」爲「謗」，按當是「誘」字。又第三三二行「卻爲勤王」，孟改「勤」爲「動」，非。又第三〇〇行「耕桑處處忙三際」、第三三八行「頓棄耕桑忙歲月」，兩「桒」字孟釋爲「業」，按當爲「桑」字。又第四一九行「放放羅綺皆能出，種種金銀一切隨」，孟釋「放」爲「處」，按當爲「般」。又第一二五行「四海風儀別有情」，孟改「儀」爲「義」，按「儀」不誤。又第四五七行「一或」二字，孟誤認爲「成」。又第六一七行「都是牛王具大悲」，「具」字不誤，孟改「具」爲「巨」，非。這些都是從文義字體來辨認。最後，我們還可從雙恩記注明引用的經文，和大方便佛報恩經（影印大正大藏經第五册本緣部上頁一二四～一六六）互相校訂：

第 二 行　一時佛在王舍城　　經「在」作「住」。

　　　　　耆闍屈　　經「屈」作「崛」。

第二四〇行　卽迴卽車　經無車上「卽」字。

第二九一行　太子白言　經無「白」字。

第三六九行　爾時善友太子卽集諸臣百寮　經無「爾時善友太子」六字。「寮」作「官」。

第三七〇行　求財於何業最勝　經「財」下有「利」字，無「於」字。

第三一九行　善友太子言善哉善哉唯此快耳　經無「善哉善哉」四字，「快」上有「爲」字。

第四三〇行　太子今欲大海採取好寶　經「子」上無「太」字，「欲」下有「入」字，「好」作「妙」。

第四五四行　王聞此譬如人啨　經「譬」上有「語」字，「啨」作「噎」。

第四五五行　何爲方便　經「便」作「復」。

第四五六行　臥則帷帳食則恣口言今者遠涉途路　經「帷」作「幃」，「言」字無，「途」作「塗」。

第四五七行　飢渴寒暑毒，大海之中衆非一　經「暑」下無「毒」字，「衆」

下有「難」字。

第四五八行　有惡毒龍　迴波涌復　經「惡」下有「鬼」字，「復」作「澓」。

第四六二行　汝徒儻伴侶　經「儻」作「黨」。

第四九八行　心生嫉妬　而偏　經「妬」作「妒」，「而」下有「常」字。

第四九九行　更得摩尼珠寶　經「更」作「加」，「珠寶」作「寶珠」。

第五二〇行　次應守珠　求二乾竹刺　經「守」下有「寶」字，「刺」字重。

第五五五行　賫持珠寶還歸本國　經「珠寶」作「寶珠」，「還歸」作「歸還」。

第五五五行　與父母相見曰言　經「曰」作「白」。

第五五六行　我身福得　與諸從伴　經「得」作「德」，「從」作「徒」。

第五八四行　乾竹籤刺　經「籤刺」作「刺著」。

第五八六行　到利師跋王國界　經無「界」字。

第六二三行　卽語言　經無「卽」字。

第六二五行　重重飲食　經「重重」作「種種」。

第六五八行　巧善彈瑟　　經「瑟」作「箏」。

第六五九行　利師跋王國內伍百乞人　　經「王國內」作「道上」，「伍百乞人」作「五百乞兒」。

第六八一行　有一果薗　　經「薗」作「園」。

第六八二行　汝當爲我防護　　經「汝當」二字無。

第六八三行　我當相供給願　　經「相」上有「好」字，「給」下無「願」字。

從大藏經和敦煌抄本校勘的結果，發現抄本許多錯字、脫字、俗字。這是抄寫的人水準不高，不如校刻經藏鄭重其事的緣故。但也間或發現抄本文字有勝過刻本的地方，如第二行抄本「一時佛在王舍城」，經本「在」作「住」，似乎不及作「在」爲佳。第六八二行抄本「汝當爲我防護」，經本無「汝當」二字，也似乎有「汝當」二字，文義較長。像此類情形，不獨可用經本校訂抄本的脫誤，似乎也可用抄本校訂經本的訛誤。

七、附論變文的名義

變文的名稱，根據孟棨本事詩中記載張祜譏誚白居易詩「上窮碧落下黃泉，兩處茫茫皆不見」是「目連變」，可見變文的名稱，在唐貞元、元和以前，早已廣泛流行。這種文體的作品，幾乎隱埋了一千年，直至七十年前敦煌藏書發現，才漸爲學術界所注意。這些變文抄本，有的保存了原題，如倫敦斯二六一四號原卷標題爲「大目乾連冥間救母變文並圖一卷」，倫敦斯五五一一號原卷標題爲「降魔變文」。這是此種文體號稱「變文」的明證。由於此種作品埋藏已久，不爲人知，因此初發現時，遇有缺題的卷子，各就其內容形式，紛紛揣測，賦予不同的名稱。如羅振玉敦煌零拾中所著錄三篇，命名爲「佛曲」。北京圖書館目錄稱維摩詰經講經文爲「俗文」。伯希和目錄稱維摩詰經講經文爲「維摩詰唱文殘卷」。「佛曲」、「俗文」、「唱文」都不是適當的名稱。卽原有標題的「講唱文」、「緣起」、「押座文」也只是變文中的一部分，不能作爲各種變文的總名。我認爲此種文體應該正名爲「變文」，才是適當而有根據的名稱。

考變文的起源，是由於佛教僧徒爲了宣傳教義，運用講唱方式而產生發展出來的一種通俗文學。所以最早的變文是引據經文，加以演變，使之通俗化。旣說且唱，用以吸引聽衆。它的形式是講前歌唱，叫「押座文」。歌畢唱經題，唱經題畢，用白文解釋題目，叫「開題」。開題後背唱經文，以後一白一歌，又說又唱，直至講完爲止。進一步的開展，是不唱經文，可以隨意選擇經文中故事，經短的便全講，經長的便摘取其中最熱鬧的一段講。在正講前也還要唱出經題，所以這一種也還是講經的一體，照例也題作變文。再進一步的開展，便是講變文不向佛經中尋求故事，而向佛典外書史文傳中尋求故事。現存敦煌變文，有說列國志的、有說漢書的，這是講史；有舜子至孝變、有昭君變，這是小說傳奇；有唐太宗入冥變，這是小說靈怪。甚至有把當時人物作講談材料的，如說張義潮、張懷深。因此，追溯變文的源流，是由說唱兼施、散韻間用、敷衍故事、闡揚佛典的講經文，蛻變爲講史傳俗的作品也稱爲變文。

正如樂府詩是入樂詩，發展到不入樂的新樂府，也稱爲樂府詩。所以講唱佛經教義故事及非佛經故事的作品，都可以稱爲「變文」。

至於變文「變」字的解釋，孫楷第滄州集讀變文以爲「變者，奇異非常之謂」，此一解釋很可以說得通。但我以爲「變」字可能是有變化、演變的意思。卽是說，變文是從佛經本文變化、演變出來的。由平淡深奥的經典，變化敷衍爲生動通俗的語文，所以稱爲變文。這一假設似也不無理由。因論變文雙恩記，順便提出來，希望海內外通人指正。

ТЕКСТ

雙恩記第三

經 如是我聞一時佛在王舍城耆闍崛山中 六種成就 如是兩字信成就 我聞兩字聞成就 一時兩字時成就 佛之一字教主成就 在山中已下處所成就 如是者為如是之法 我從佛聞 或云我於佛邊聞如是法 皆指法之詞也 智度論云生信也 信為能入 智為能度 信為入法之物 慧在為究竟 云玄述 不云佛滅度時 何難

TEKCT

10 竟云玄述 又云佛滅度時 何難
等 問四事 佛令依四念住 [如何] 觀身不
淨 觀受是苦 觀心無常 觀法無
我 佛在之日以佛為師 佛滅度後
當憑此戒文 遂更有何教法 答有
舍利弗 及諸大羅漢等 向耆闍崛
山 畢鉢羅巖間 結集三藏教法
是時會中 千个羅漢數內只有佛弟
子阿難 未證果位 會中維那 白
其上座 遲出何難 不令在會 阿

:ТЕКСТ

難既被遣出，不那之何　遂合掌望
空　哀苦世尊　哉佛在日偏休佛恩
佛隱雙林　哉偏失所　仗願慈尊
遥垂覆護　小賜威光　却得會中
同集教法　既啓告世尊了　遥礼
佛三拜　合掌流淚　告於世尊〻〻以
一道光　照其阿難　光纔照身　尋便
自在　湧身虛空　高七多羅樹　身上
出水　身下出火　東涌西沒　西〻沒東

ТЕКСТ

說或現大身 遍滿虛空 或現小身
我既得此神通 却往畢撥羅巖 而石
門已閉 便即打門 阿難却舊處座
排比結集 如是一代時教 會中維那
便乃從頭礼請 如是次第並推年老
無一受者 直至阿難 再三商量 堅請
阿難昇座 說法未說 而大衆有疑忽
然聞道如是我聞 大衆方知是阿難所
以經頭上先置如是信 如師子乳皮乳一
滴入於衆獸血中 盡變為水 皮若作絃

TEKCT

一彈 衆結皆斷也 贖
牛羊蘇乳能奇異 變造多般諸巧伎
㬎作樓臺織綺羅 臥成蘇酪能奇美
若遇西天師子胎 不銷一滴皆成水
妄緣情 也如是 念念与人爲威懸
境勝雖爲別是非 心頭豈解分真僞
旋旋牵將不覺知 頭頭感却如沉醉 忽然絕悟信心
前來妄念皆除弃 大慈悲父演雷音 決謂俞秘理
極深 師子乳能除假乳 信誠心解遣邪心
乳無紀正醍醐亂 信不堅 牢妄念復

ТЕКСТ

若解信心堅固得　大難若海錯謬沉
一時者師子合會　說聽究竟總言一時
揀異餘時　又諸方進但實故　言時佛
者覺也　自覺々他覺　行圓滿稱之為佛
王舍者梵語曷羅闍姞利　呬城唐言王舍
初頻婆娑羅王都在上　第宮編戶家
頻遭火宮有勅立令更有火者罪後王
宮自失火王遂自遷寒林又無城揭後
舍墮君欲興甲馬討於頻婆娑羅王々
遂築戰城因此呼為王舍城

ТЕКСТ

他方亦是屬封野　國法遷流突者
愍庶遣殃既伺於、　帝宮差羅須依化
哎豐君聞位嚴　探候欲尋興甲馬
條急尋時築城　因茲立號稱王舍
國名王舍為頻婆　別上第都自擬升
蓍招垂條無彼此　莫明立勅揀偏頗
天聽感化人何倦　聖德隨從日更多
哎舍豐君爾遣事　當時不敢舉干戈
耆闍崛山者梵語姑栗陀羅矩𠮟唐言
就峯又云鷲峯臺在上第東北十五里接
北山之陽孤標特起既栖鷲鳥又頻高
臺空翠相明濃淡分色佛得道後
十五年間多居此山廣說妙法恩益攝

ТЕКСТ

鄉菩山門乃 狐高迴聳 香麗偏奇
含那之錄漢通降 綾絜之星宮接里
隨鳳冠々流桂香 於洞前靈霧霏々
淡檜濮於座側 而又口々栖瑞高而不宵
忘含符章數之々 茴偕宴三生之定
雲璈漫游聽龍子吹呻吟 爲過深於
覺一神仙昂引䔒 余嚴之前珠夭鬥瀾

ТЕКСТ

之許色流光　仙樂不斷於晴雲瑶彩
80 長飛碧落　子齊送曉　伏日生寒　是
身即之奇春乃中　天之勝地　簡　道霄
樓葉稍奇秀　峯萬旋迴遮宇宙桂
畔應蘇離野禽　松澗只是栖靈鶴
牀千峯光万納　不以炎涼分節候
正夏尼生送臘寒　子時雉叫交星盡
澄潭隱隱龍吟　古洞深深聞虎嘯
落樹鶬囀鸞飛　佛廡雲遮仙歌奏
纖銀河　緩北斗　插押摘行老參透

ТЕКСТ

磬盡鍾殘飯已餘　尚聞王舍移更漏
休誇出水妙高山　並化峯摘又即難
隊々香尼生桂畔　群々鷲鳥宿松間
露珠入僧兩分殿　月色添光汁梵襴
若要上方勝帝釋　出門輕把白榆攀
問佛何故不於諸國諸山說經偏於王舍
鷲峯說經　答　緣國勝餘國　山勝
餘山　所以世尊　縱々說此處　如何知
所以法幸疏云　王都既是王舍　佛住
鷲峯　山都　兩處　覆棄　自他二化

TEKCT

但疏讚云序分圓就者此法門亦現
100 有二種義 一者一切法門中最勝故 如
王舍勝一切諸國 國乃摩竭之正中 仁
王所都處表一乘乃三乘之道法也
所信境國勝餘國 經勝餘經也
二者亦現自在 切德圓就也 如耆闍
崛山 山勝餘山 顯此法勝此山獨聳
高而復顯出過二乘 自在槐之切德
蒲故 又云國勝餘國 無靈麗物而不
出法勝餘法 無盡德而不具山勝
餘山 謂瑞鳥之所栖止 法勝餘法

TEKCT

110 謂上人之所遊履　還有甚人　莫不
是諸方菩薩各門舍利弗等遊此會
中　偈
鷲峯王舍兩俱美　餘國餘山難可與
莫訝人皆智惠人　氣緣地惣須靈地
足璨琭　多錦綺　軟草祥花咸備
九夏無勞遠〻敍　三秋鎮有長〻
媚　大乘經　也如是　諸教諸經難可比
菩薩無非現化身　聲聞各惣居擁地
遊彼邊　明不二　接物投機皆得佫

TEKCT

120 說有還遣破有居　談空或說非空義
鷲峯山將法會殊　王舍國強經不異
所以如來向此中長時說據三根記
國強山騰地英靈　武曾人人皆節相
文儒个个是公卿　八方禮義曾無亂
四海威儀別有情　是以世尊憐遺孳
長於此處說真經　山又好法能讓
山法無偏聖所諸　法賢深根生道
種　山栖就鳥祈祥瑞要來至會程
非遠　搬往香谷路不賒　說報恩經

TEKCT

於此處　有衆多羅漢習將來經与
大比丘已辯梵行已立不受後有如
摩訶郁伽心得自在 摩訶迦葉 与者 从井廾
龍樹云一處一時一心一戒　道同一解脫是名
共大比丘者一云怖魔比丘　若行一切魔怖
皆當礼敬緣有五種德　一者發心出家
懷佩道故　二者毀其形好應法服故
三者永割親愛　無的莫故四者委
弃身命　遵崇道故　五者至求大乘
救度人故創發此心令魔恐怖故云魔
怖 箱 剃除鬚髮堅持戒　妄念邪情尋
破懷意地非論毀相儀　心中無已離

ТЕКСТ

救度人故創發此心令魔怨怖故云魔
140 怖 髯 剃除鬚髮堅持戒　妄念邪情專
破懷意地非論數相儀　心中無已離
恩愛　求菩提心不背　誓為有情填苦
海　為有如斯德在身　魔惡所以長驚退
清高節操伏王侯　三事由衣信腳遊　恩
愛豈曾開口說　形儀未省學箴修　有插
心處生寧發　無益門中不喝求　長遣
魔惡懷怕懼　方得名為大比丘　二者名
乞士出家之人虛心求道　無所貯畜以乞
衣食　以資色身內之門法　度之人眾　故云乞

士　舘・持盂鉢落求齋飯　濟給身軀權
我悟　随物外之言不掛心　情中境像尋除
說　伏刹名閑松　長使俗塵生御羨　討說
真經度脱人　方契當時出家旡　身無
拘繫院清幽　大以平江不繫舟　既解情中
無境像　應離閑事掛心頭　盂中香飯時
開化　傑上四衣不乱求　長使俗家生仰、
羨　方得名為大比丘　上來比丘竟
此經比丘是大阿羅漢　梵語已云　不受、
後有已下　毗婆沙九十四云　何故名阿羅

TEKCT

漢　答應受世間勝供養故　名阿羅漢　復次
阿羅者　謂煩惱　名能害用利惠刀　害煩
惱賊此羅漢等　或是久成正覺　權作聲聞
新伏無明　令無餘故　若阿羅漢之阿羅漢名生何是無義次　無生故生故　名阿羅漢後於後不從生死流出不復受
王也又漢者名　一切家天[illegible]　纔昇果位　計數即塵沙莫及　都摽
即二万八千　阿羅漢即是羅漢[illegible]　[illegible]惡　不善法皆　名阿羅漢　忍恩者從不善果不去者　從一切煩惱障善法故　同
於佛會之中聽說報恩經典　[illegible]　[illegible]
除貪嗔皆斷　盡是阿羅漢　來往得道遙　生死
雜染斷　惠鎮鋒鋩　智月長圓滿　龍天釋梵人
見者皆稱讚　會中繇好儀形　月面長眉眼謝
青身掛衲袍　要片片　手搖金錫響玲玲　行時每
遶香明起定　處長栽覺樹葉　總與如來為弟

TEKCT

于題名故入大乘經　一隊〻達金聖　還對高

伍次弟排　欽聽三祇除見執　希聞一法得心迴

伏緣自到居巖谷　誓爲群生滅障災　不可交

聲聞空在會　合應有菩薩也唱將來　說菩薩摩

訶薩　三萬八千人但　此諸菩薩　久植德本无於量

百千万億諸佛所常修梵行　圓滿大歟

菩者提此云覺即所求佛果　薩者擾此諸有

情即所化衆生　摩訶薩大也　謂此有情信大法　解大

義　發大心　趣大果　修大行　證大道　故〻云

菩薩摩訶薩　若據梵語全呼　唐言好略

今此經更着摩訶薩　具六大菩薩　所求、
義薩壞義　勇猛義　不憚辛苦　求大菩薩
有者有能　故名菩薩　然者也若時也　此行下在家
雖居塵俗情高潔　拯物憂貧無暫歇
見苦長開起對治　於今未省生怨結　保行藏
待不煞　念念中間尋省察　堅固身心雖在家
此人也得名菩薩　雖居俗舍渾容塵　別有路
印伏鬼神　無恨怨酬無變春不憐有隱當不欺貧
破除己物如他物　保惜他身似己身　堅固徹頭行這行
也得名爲菩薩人　經中菩薩者　不同此輩　本

TEKCT

是位超十地 果滿三祇 無恐願而往霞洞淨現
神光如同遊淌十世無二佛 國無二主 是以推菩
薩之形儀 切在助釋迦而宣演萬偈八千之名号終肯
差殊 四廣大之堅心 略無高下 但持瓔珞各掛
衣礼巍義調鄉之法王 賤浩瀚經涉之妙典
三僧祇却除煩惱 百億分身曾供養 釋梵諸天超敬
心 龍神鬼趣生迴向 為衆生心敢應拾他塵勞
与掃滌 見道如來說此經 所以指為菩提相

ТЕКСТ

勝城菓滿覺圓明 不異從頭遍礼名 旋遶
寶花鋪玉砌 讚揚金口說珠瓔 多界刹塵緣
合識 廣起慈悲為有情 知道釋迦宣此教
故來同聽大乘經 悲歎切 救輪迴見者須交業 隨
障權 現頂寶冠中請說 隱居宅相諸逍遙
天衣動香風起 逐足旋行掃衆閑 嚴飾得道塲
只當好 更應有天衆也唱將來 經復有無量百千
欲界諸天子等各与眷屬 齎諸天上 殊妙香花 作天
伎樂 住虛空中 欲界
並有身光明燦脫日之無體 相莊嚴 共諸天香

210 異幾言示座 寶殿盤旋撥道閑遊 彩雲捧擁身
披妙服 輕可三銖六銖 頂戴星冠 花有百朵
朵 香居也無非玉女 侍從也莫不天男 似閑雲
一盞明燈 如眾星中一輪朗月 知佛欲說 大報恩
經 與天眾但咸離上界 雨名花於空裏 奏仙樂
於雲中 只道赴中門 忽到耆闍法會
欲界諸天無量 聞說報恩演暢
他也整頓威儀 各乃排比隊仗
披妙服以析徹 躡彩雲兮陽御 日月豈敢爭光
天地不能掴障 花亂雨以繽紛 樂同音兮響音

ТЕКСТ

220 毫麦地空中頭下雲各自持花申供養 當時
欲界及諸天 聞道真經我佛宣 各整威儀離
寶殿 俱來眷屬下人間 鼓神仙樂勝三界
雨妙香花遍大千 只似如今彈指頃 一時已到
法王前 經諸天龍夜叉至退座而差 論大衆
不異側量或聖〻足賢或是龍鬼个〻執持錫
蓋各整頓威儀 以星蔟高天 如鳥奔陽渾
或有小〻个〻勤策威即降龍也有老〻大沙
門力能伏虎 或有能揚邪辯擊論鼓而
麼當頃心 也有妙理法音 說志理而天花

TEKCT

落座或有身披百納袈裟上點々雲尘
也有意惇三乘口海內消々義泛或有長者
居士抱榮貴而出家也有帝王后妃蒙慕
閑而求道阿脩即攝諸法曲乾闥婆即呈
妙清歌乃如斯便數若恒河沙衆匯遠
釋迦化主聲聞菩薩魚龍思浩々如砂難
聰記 風之旋來海角清神仙亂下祥花
墜 滿虛空 遍天地 埃羅未省織埿
變恩記第七
經尔時太子聞是語已悲淚滿目世間衆生造
諸惡本衆苦不息憂愁不悅即迴即車還

TEKCT

宮
太子比意出遊覩拈苦惱為覩前耕織等不
免淚流盈目塵坌滿身嗟衆業之極多懸〻
若之太甚強猶欺者幾時解息於冤家冨俛
貧人何日破除於辛苦是以迴車上路整隊
還宮音樂閑如不聞舞袖見如不見驚訝
滿堤之嬪婇五〻三〻惆惶悶悶之生靈千〻万〻
如雲急過似鳥奔飛正在商量已却歸殿
偈曰

TEKCT

250

惆念衆生業所為　袖淹霞淚旋還垂
行々舁佽似無見　接々筌歡如不知
搨地聲鼙鼓廜殺野　恨天塵土絞紅旗
洪城々鶩訝出門看　人闐馬斯皆總歸
既迴不樂王問曰汝比出遊行今何故不樂
太子曰父王我比出遊看蒨茫不知人世有此
辛
為骨肉之縈揆　致衣食之傷害　耕者出魚而
鳥啄　織婦紡綫以子勞　屠宰煞刹荇牛羊捕
纖羅釣於英雀　乎興損害　終結冤家　前事

260

謗心　以強欺弱　所以不忍覩見　車焉却迴

衆人既迫於煎熬　惆自何須於快樂　偈曰

只管尊高豪帝宮　未郁門外苦千重

桒燖唱叫恨屠子　網捕音嗟傷釣翁

少婦車前七然縷　老烏剉草過旋銜虫

都由然害蒸衣食　所以歸來不願逢

王曰汝極錯吳人之世間貧富隨業皆須衣而

衆躰復籍食以養身不紡而何致衣裳不種

而何求粟麦至如飛禽走獸大躰亦然隨果

報而雖別形儀配業緣而更相食敢疑為猫之

然吾匪自人教蟒遺誅之網並盡隨天使汝莫
傷嘆乜義常規若勞我之精神又何名為孝道

詩曰

天配人生豈自由　有親有愛有冤酬
福深盡為多積種　分薄都緣不廣修
貧女裁衣功紡織　耕夫種植仕田疇
思量總是尋常法　何必歸來獨致憂

太子曰然即如此不敢違王欲擬上聞請乞一窺王曰
汝但取吾意音樂自娛凡有所須我皆隨汝

吾唯有汝偏憐惜　滿国黃金未為直

280

豈獨憂愁世苦辛　何偏傷慼人馳佚
閻浮提　隨業力　但自安卻莫遊逼
又說別懷弘願心　一依所要无違逆
初聞見汝我愁歸　未測因由挫貯疑
貴賤豈關今世作　短長皆自宿緣隨
何消挽思加憂恨　但自寬懷好保持
若有願心隨意說　一看所要必无違
龍顏頓覩事難哉　子未披申水繫懷
寸步含疑何日了　雙眉放悵幾時開
臣寮惕惕隨班望　嬪婇兢兢出出離

ТЕКСТ

只候諸官言奏對　大家安樂唱將來
經　太子白言願欲得父王一切庫藏所有財寶飲
食用施一切
太子曰王是我之父我是王之兒既有私願心合細其啟
奏願得王之飲食濟接飢人願得王之珠金布施貧
士使織婦不勞於機杼耕夫罷役於犁牛漁翁
斷釣於江河獵士解　於林野屠宰放豬羊之命木
結冤酬採捕　捨鷙雀之生斷除驚怕咸令充足普
使父寧伏乞聖慈許令開庫　偈曰
我為生靈苦惱拘　並緣衣食作崎嶇
耕桑處處忙三際　營官門門役九衢

ТЕКСТ

頚使煞傷皆惣免　欲令疲弊盡暗蘇
乞王庫藏持充施　未委天心捨得无
王曰隨汝所要不逆汝意太子遂喜選月開庫般
物以五百大象㦸出四城外宣令国土凡有所要不
逆其意具在経之
於是鎖鑰齊開封題並折琛珎卸穩寶貝分模併
工般運於天庭簇手勝紗於御庫差羅昊繡盡雄
藩朝貢之儀瑞錦音綾皆大郡謝恩之禮玉帶盤
鞋而積屋金瓶束樸以排山錢花之疊擺何窮
510 起突之舡連莫數見錢等般尖可等雜綵並海水方

320

齊五百象馱而以夜燈照四城門掀而自高及下降勅旨

羈孤之者道路如流李難集林林之邑村圍覽集

逐所要而一任敢取隨希求而不障往來何言於大有之

年遠謝於無窮之歲

君王爲子傾諸庫　五百象馱排四路

錢錦綾羅充積埠　金銀珠玉何窮數

諸殊藩　宣近轄　給指普天層溥布

但是貧寒連遠寄　無論子孫淚濤赴

國王應願念生靈　太子施財與濟度

ТЕКСТ

320

一家家不隔閒　任隨所要無遮護
衆皆知　悉奔聚　牸皇犢羊如縷
撲尋少孤寒窮人　總教滿足無貪婪
象馱出國並流傳　聖主搜尋有剋望
王帝王修淨施　二親太子結良緣
依時衆士如雲趁　諸日般財似蟻旋
應是人家皆快活　排門比戶散堆錢
州州縣縣是歡時　只管笙歌醉碧玉盃
頌并林杂忙感　永拋經紀走塵埃
悅歡共六千思怒　感荷王孫庫藏開

330

正是国人敢取次　　阿誰諫諍唱將來

經時庫藏臣即入白王所有庫藏太子今已三分用一王宜思之

此臣正直為心忠孝成節非論惜寶却為勤王憂国

庫之空虛必朝綱之散乱遂啓白王曰太子取寶布施貧

窮自數月來三分已一不敢遮障今具奏聞請王試之勿令

外分

臣主珎財合盡忠　　隄防急疾要須供

保持鏁鑰盡身力　　較察奸邪莫少容

府縣凋殘填納庫　　生靈損血進王宮

數句太子敢獻施　　已是三分藏一空

王曰我子不欲違拒又經旬日轉取多遂遣諸王臣衆議憂之

頃日凡是国城須憑庫藏財寶既竭国力如何不可掩
惜人情更須奏聞天聰主藏大臣又再奏
揭月
謬忝為王主藏臣　佩魚衣紫入朝門
惜言却是不忠孝　有事直言先奏聞
賜罪任随刃下喪　誅家何懼失中榮
適來點檢諸珍寶　太子三分竭二分
王聞臣奏又勅云吾子不欲違拒然卿小出稽遲莫
稱其心所貴按却時光不耶矣之主藏臣雖依王勅
暫出　太子依日時節開庫不過逐怒曰此小人爭
敢迕我心意多必是父王教矣　太子遂步促思量

TEKCT

360

日夫為孝子不逆君心未可自要結緣須竭父母庫
藏須是別求財寶救接貧窮若不設計營摸何名
施主我今誓不取庫內諸珍財願集匈智人商量
別營運
忠孝仕君親　不合逆王意　忝作丈夫兒
并合為天地
若有悲心慈憔悴　直須別有天生智
免有君王忘撓煩　誘教臣下言騰沸
唯財唯力要親招　唯福唯緣不相庇
願集城中眾老人　別摸營修壇施

免招愚逆撓王情　又得依錢庫藏盈
立使臣寮咸滿縣　永除主掌别流名
深私自過於人錯　莫從他冤出令行
何似集賢商議決　共施智計為蒼生
濟人須是自豐財　多才臨時耳意懷
旬即我能施濟　少時他不為添陪
嗔嫌豈可因緣就　歡喜方能智惠開
敢問在朝卿相等　阿那邊是利喝將來
經曉尔時善友太子即集諸臣百寮共論議言夫

ТЕКСТ

370

悉財於何業最勝

太子前作念ゝ　遂選日詣諸大臣問

輔弼朝臣世共歸　名稱諸國計難過

匡扶社稷盛忠政　陶鑄生靈盡叶和

理乱境兒無傷殺　税田民不怨煩苛

籌應也會求財路　邦國行中利最多

太子纔問了中有第一大臣白太子曰吾爾財唐莫若

營農今年本種五米來歲利收於十斛不貴人之遠

討尋煩牛以開耕太子出自於天時太半無歸於地潤

潤息村田更不過　無論夏麦與秋禾

TEKCT

三卅今歲壠三畝　一粒來年收一科
種日役牛雖困惓　熟時排穗莫高
既蒙太子垂言詞　只有耕農利最多
善友却答　偈曰
深謝殷懃計出先　思量未甚是佳言
僕常熟去誰怨地　忽若旱來須恨天
朔日尚難期晚日　今年早晚到明年
比來怕見民辛苦　特地教人卻種田

別有一大臣日不欲種田無過養畜或牛羊駝馬或
雞鴨鵝猪隨水草以滋生逐放牧而肥盛牛即以駕車
般載馬即以涉路乘騎猪羊而祭雞鴨以供承鄉村買

TEKCT

者必買裔归暫停方表利多更難過此 倡用

叅肯全困水草記 深宮太子也應知

牛於要路公私載 馬向門出入朝驕

我騰烹炮供孰相 猪羊宰然祭神衹

是人家要須教貨 得利偏多更益疑

疋太子問之文卻吝

此計恩量更不名 大能邪見溢朝庭

綻言多使我重詢 塞耳轉教人嬌聽

東敗甚喚罪祿 佩與可惜亂公卿

TEKCT

400
比來怕業懺罪　特把奴今卻煞生
此既不稱太子意歡後有一大臣精神爽
明閑辯分明曲身而走出班行御目而直言
啓白太子　我見太子非是凡人有慈有悲
有智有惠嫌煞生恐債不欲煞生知營種
辛苦不欲營種意今普令含織無事安
享着自然之衣食天賜之飯破貪嗔癡
之窟宅出離塵勞重戒定惠之身軀圓
通法行莫若入大海内拜謁龍王求摩屆
尼寶珠與衆生利益要飯即雨飯要衣即

ТЕКСТ

410 雨衣要金銀即雨金銀要珠玉即雨珠玉不
傷物命不使心機除非菩薩以能行難可
凡夫之去得

我知太子愛生老　廣運慈悲大能好
豈是凡人見解功　直為菩薩修行道
在遲々切草々　必与有情除熱惱
若欲皆令免苦辛　無過求得摩尼寶
海龍珠寶号摩尼　求者千人得者希
要飰便教須美飰　須衣立使雨名衣
放々羅綺皆能出　種々金銀一切隨

TEKCT

420

必若辭心親去得　是名太子不思議
菩薩行　且惡悲　凡小人已莫可知
太子往来无障難　功能轉更不思議
雖切ゝ　在遲ゝ　善事多摩花偏私
却怕衆生薄福德　不逢太子却迴歸
臣雖設計盡深懷　去往臨時好剌裁
比要身安希俸祿　莫教王性却成災
傍僥失次惟憂恥　戰汗交并未敢迴
太子當初聞此語　慳意不慳意唱將來
經善友太子言善哉ゝゝ唯此使耳即入宮中上白

ТЕКСТ

430 父王太子今欲大海採取好寶
菩友聞此得説忻喜異常移時激讚於善哉眾
願稱揚於快耳再三感謝實是智人不覺擧身合
掌偈頌

方信朝庭有智人　此之高紂未曾聞
菩提路上逢良友　熱惱城中覩慧雲
實為共心修利濟　真名同力救沉淪
願吾來往死摩難　分一半功皓奉獻君

善友太子説偈讚已即入王宮白父王曰我
為濟貧闕王庫藏又恐靈竭不欲破除既

TEKCT

440 乞力而發門願入海而求寶 請王放去不要

憂煩遠至半年便即朝覲

我今入海求珠寶　普向閻浮濟孤老

大把憂煎為發移　廣將貧困令除掃

日不遲　人滿道　隨分行裝便雇對

特故朝參辭坐　願王令去免憂惱

坦然平道並岳　商侶相逢不至難

去約數旬接樣搒　來朝半歲便歸還

何消辭道排窩鉄　自有程粮逐意拎

TEKCT

保持平善報通　必須龍神為作灾
損物人必結致患　利生天眼莫辭衛
稍寄日月時通信　暫假恩情莫發聰
想得父王倒請說　太應不樂怨將來

經王聞此辭如人噎亦不得咽又不得吐語太子言國是
汝有庫藏珍寶隨意取用何為方便自入大海汝為
吾子生長深宮卧則帷帳食則恣口言今者遠涉途
路飢渴寒暑毒誰得知者又復大海之中衆非或
有惡毒龍㵎浪猛風迴波涌復水泡之山摩竭大魚往
者千万達者一二汝今云何欲入大海吾不聽汝
佛報恩經弟七

報恩經第十一

經 得到此岸見弟惡友問言汝徒黨伴侶今何所在

善友既出海龍王善惡兵送出海岸送已卻迴見弟

惡友問五百商人今在何處 下經答云

善友船舫沉一切死盡唯弟一身扶持死屍得全

一濟衆伴財貨一朝已盡沒 偈云

短奇長奇莫定論 漂溺咫尺豈能知

久濟船舫由為可 乍見波濤必喪亡

跳躍任三五天互寶 傾危何從國中尋

470 諸多商侶皆沉沒 唯我發心獨得存

善友聞已日濟我救衆寶聞爭天下許重莫若己身但得身安何愁珠玉　惡友日我即累尔今顯富貴不貪而生何以得知我當至墩間聞諸屍鬼作如是論我所重寶不能重身　經意元是誘兄珠之去來矣

傳告兄日

兄見珠金寶莫等閑　我於此捨家為難
有緣到国貧方滿　空手却帰心惣懷
是事不知長欲鈍　見人少語也成煩
爭如富貴身強健　大勝貧窮住世間

ТЕКСТ

善友心信負有所貴安在善意恐海中沉却珠寶語
生惆悵兄語弟曰汝不要惆悵沉没船舶總是閑
耳吾已得龍王如意寶珠　惡友尋問兄曰珠今在何處
答曰吾得寶珠見在髻內朝夕守護動止隨身貴以酬父母
之恩憐愍衆生雨與之貧困此弟惡友聞莫至妬心兩得
寶時大衆高唱

寶珠若在和頭髻　今日分明言告弟
暮去朝來受苦辛　苦心在意須無閑
雨珠金　如救濟　平等利生除困貧
恭敬人莫莫與知　免道細弃深言誓
此猶是宿有前期　慇慇行持必不遲

TEKCT

每憶當初離國時　直至今際得珠歸
傾心大作和慈憫　雨寶偏施於國苑
除却珍金一外付前　別人借問莫教知
諸之悲喜雨歷樣　大興今朝已各諸
既有難思珠寶　何須惡着海中財
希求外深為禍　散失尋常不足富
惡友聞兄如此說　莽患設計也嗚將來
經
弟聞是語心生嫉妬　始憂恚悷　惱作是念言　父母而
偏心愛念今　復更得摩尼珠寶來　身今者父母惡賤
500 甚於瓦礫　惡友因此念之　遂重起念偈

ТЕКСТ

善友承恩而依聖旨　頭頭憐惜認嘗添
行時須保千花從　附副悄性百寶祭
來引先一排珂貝滿　迷來已春水精啟
此時過得朱幡去　看花仙蛇繞袖燋
僕自語心偏且守坐念澤白兄且快　善哉善哉善得此寶珠
今此險路更加守護　善友直心語惡友曰汝取此珠勤
加保護我若眠息汝宜看了汝若眠眠我自看守
如是數日相隨作如此說
寶珠雖下汝收取　在意善心勤守護

TEKCT

510

行座車〻共保持　睡眼伴〻相分付

防惡人

當險路　見鬧覺知然煉禍

忽然參〻差失墜他　樵於何滿神論行

此珠桑門有寶難求　不是龍王不易留

汝睡必先東意護　我眼託葉着心外

惡人奸巧爭佘計紹　路崎嶇來免憂

莫眠莫悞寬只淫酒

必若因循遺失墜　擅陂羅竈大難條　莫信因循莫妄推

莫遥〻心求弟誤　莫故失事把兄猴

V.S, P.145

ТЕКСТ

幾多利益希今力　無限貧窮望此財

如是相隨經數日到　阿誰看守也唱將來

經

爾時惡友次應守珠其兄眠卧即起求二乾竹刺兄兩

目奪其珠而去

惡友設計等兄睡着次當守珠〻求二乾竹刺　傷目

道途辛苦睡深更　善友沉然夢寐城

上士保持雖意善　惡人計校已心生

剛量地里應難趁　願望天何公未明

取二竹枝參眼損　偷珠竟夜發先行

善友既被竹參目損直變惡友召字惡友〻〻此有大賊

損我兩目不知已先去矣既覺不應又更大聲唱叫

惡人〻〻我目已損若要珠任將去莫損我弟〻〻應欣

望空叫喚語賊曰

TEKCT

海寶摩尼一任將 自緣不解別收藏
却憂我弟耳聾騃 伏願慈悲莫損傷
如是叫噯大喝亦恐之窟遂感樹神、、故下讚云 如是
高唱聲動神祇經久不應爾時樹神即發是時言汝莫惡
丈是汝惡賊剋汝須自將珠而去汝今莫惡支為
以偈告曰
不在高聲唱叫頻 更深空便動靈神
偷珠將去非珠類 損汝眼傷是汝親
休貴語言求彼命 謝恩還將他齎
要知賢兼今消息 便是將奉下手人
善文曰苦哉、、 何知此事

仰天涕泣倍號咷　覆眼痛〻痛難觀
不易知他嫉妒情　如何校得乾枯汁
何悲酬何骨肉　合面草頭血流漉
比者將為真〻弟兄　誰知有惡心中毒
錯疑錯為賊、來侵　此行辛苦嘆古今
珠盡惡人星夜去　血隨乾竹草頭霖
語〻種〻傷慈蓋　哭斷聲　痛轉深

550

將為慈悲真我弟　誰知懷此毒害心
和身合面撲然迴　百依心肝見也摧
走獸出蹄成悵望　飛禽歛翅盡悲哀
不唯永夜無辜斷　兼向長途說主埋
惡友既將珠走去　還到何国去也唱將来
經介時惡友齎持珠寶還歸本國與父母相見白言父母
我身福得而得全濟善友太子與諸從伴薄福德故沒
水死盡此乃惡友太子偷珠先去歸到本國白父母

善友前生業所為　泛溺波濤損身危
縱々名珠遭被風溺　無限經劫遇水吹
未發橋樑由可填　此般悔恨已難追
人間生命將知定　只我安寧却得歸
問父母聞此如何 下經云 父母聞是語已 舉聲大哭悶絕
躃地 汝誓衣 纔而良久乃蘇 語惡友言 汝云何乃能存
是而來
一遍啼々血淚眼　肝腸寸斷幾千迴
翻使惡人長命祿　却教善子入淹泉臺
不曾傷物之何怨　無辜為天々送災
我須使令相隨去　更趁今朝作甚來
惡友遭父母嫌弃 心轉悚懼 此擬將珠出去 我得後聞此語
遂埋土中

TEKCT

遂埋土中
既遭父母相煩惱　轉々思量憶生毒惡
門外雖行殃破除　宮中住惣無欣記
倍悲嗟　暗斟酌　已是降生曾淡薄
莫謂將珠送與他　不知搦地深埋卻
如今設使取珠呈　難免悲啼又憶兄
事須煩非此世　頭々壞罵對々生
欲擬計々策辭高　又恐停場與國於
直得珠奇千古種　思量也是不要情
爭如深掘土中埋　斷卻多生以命推
向我要情非世願、　與他為子是天差
半年出國憂千種　一日歸宮罵百迴
這箇也為閑家事　聞善友到何安詳也唱將來

TEKCT

經
尒時善友太子被刺兩目既竹篾刺々眼々拔非常痛
轉痛知所趣當時苦惱大急飢渴求生不得求死不得
漸々前行到利師䟦王國界
惡友將珠到宮遣人來獻活　其珠已埋却、、
兄在後昳々漸行
掌中樓々得身　掘漢登覓金路　朱陶難等壁

TEKCT

590

疼痛何申訴　徘徊自慰心　疲困誰相顧
便是盲乞人　無物堪防護
嬌癡惡友何生毒　忽起此心刺兄目
我即雖然行步遲　要伊筭得程途遠
於我無情起異閑　將我寶珠恐傷腸
睽小都由被惡迷　仰天不覺見連聲哭
一聲斷兮哭一聲　念伊癡睽嘆伊為
我心終不見伊過　願得身安歸帝京
聖賢保護令無難　父母見歸留念生
利師長大解寒寸　長短都來琴子曲景
如是啼哭伴行數日　到利師跋王國界內共善友太子

TEKCT

600 未入海時，父王許利師王女結親姻，後知入海，遂求

太子欲到國數十里，於路上詐為盲乞之人。　恰遇牧

牛監官為王放五百牛。　其牛王遂以四足騎太子身

放諸牛過，以舌舐眼，放出竹刺。良久，牛王遂去。

後牧牛人顧視知異異。　偈詞

嗟嗟汝雖慈兩目盲　　處處牛依竹葉行

已前祥瑞雖奇異　　此日希奇事不驚

莫是中形藏幻術　　為曾上世奉神靈

色者種種疑心起　　幸望通傳何姓名

善友太子聞君子自思惟，我若實說，其惡友必遭損害。

ТЕКСТ

610
緣剎師王是收買矣，遂只答言：我是百乞人矣
深藝所謂照名子　乞食偶然行至此
約術都來良合他　神靈力不曾相依
營家牛王與我割　麁是殘，身未肯死
人者今報何必疑　我身只是孤貧子
我無定住須飄蕩　乞食求天信佛留
此世孤寒甘賤隨　前生亂落致飄蓬
非關作對莊深術　都是牛王具大悲

見定形容皆悲見　忽然何得又相疑
莫於牲々乱疑猜　我此形軀亦不神
託母未知何相見　生身終日走塵埃
遭逢作判緣償業　復遇牛王為良父
多那牧牛人不信　再三憐念也堪哀
經
時放牛人遍體蘇望人相有異即語言曰我家在
近當供養汝臨牧牛人即將善女來歸其家上尚
皇々飲食許納家中男女大小汝等供侍此人如
我不異
善女雖如此分疏牧人終不信々々　遂即將歸偈語曰
頭目雖言託賤身　卿何不稱受飢貧
覆眉樹々入散鬢　兩耳救々垂無輪
平正人中高鳳皆　分明指上旋螺文
莫嫌我向村崗住　善並此生及養言君
旨人遂背去放牛人將歸家養語其大小今須輕慢

TEKCT

引前文〻 如是經一月其家敬患有二語
善友聞聲不樂即自思惟〻 明日早辭欲去
牧牛人曰莫是我〻家不好 答曰不然非汝家大小不
無情自為無心矣〻故不宜久住也 偈辭
樓度飢貧每自護 眼盲遠物難懸捨
臥身席是汝妻送 洗面不令貴子添

640

嘿々思量緣被乞　明々再看待為嚴

今朝所以相辭別　不可直須教到嫣

牧牛人曰不可去矣、、善友曰不繇須去矣　如是再三

留不得遂問去要何物々々　盲人曰汝若怜念我者

為多依一面琴送我着州城多人之處坐置

我々自彈出乞食矣々々　牧者家求得一琴贈之送

在利師王国市内

留連雖切無心住　懇至拜辭須欲去

盲士悠々知説憂煩　牧人未免生疑慮

我貧居　泥村墅　雖辭珠金相借助

650

奉獻家中一面琵　送君安置守城之處

主人弄今客亦明　雖似今朝主客情

客感叩煩言切切　主懇淋寞淚盈盈

居家樂聞三時飲　送路卿由一面琵

彼此私議皆燃足　相隨直到列師城

凭肩入國座長街　列收牛之諸都回

倚託故離領洪閣　難道信任樣寞挨

摩挲斷面情弦喜　調弄琵琶西韻樂

身少人民皆憩着　何似生着指也唱將來

注

善文可善彈琵琶其音和雅悅耳無比一切大衆皆

560

共供給飲食乃至充足利師跋王國内伍百乞
人皆得飽滿
既到國内遊彈琵琶一切人皆看：：　羨五百貧人
倍加殊得感人情　終不分踈出姓名
曲上早千般分節拍　絃中更訴貼音聲
非唯探候聞宮内　羨又傳揚動國城、
應是街坊相屈喚　無論高下總來聽
因此街坊人衆遞互相傳菓累衣裳供給茶飯
長空飽一身旨士兼普請五百貧人皆並教曲調之

TEKCT

670

因依嘉々自賢歌云々雇
街坊每日彈歌曲　到處々消々今年十々歲
修道多々僥別有家　盡無言可惜老々無目
飯匱盤　衣蒲複　無閑戲伍乘樂錄
莫說貴饒一個身　萬供五百個々足
朝々座示赤縫敗　婦々女雲吞不亦行
誰謂之高蕭受穗　清音餘々長復餘和
非空飯味人之足　萬得衣裳月々刅
五百個々人皆飽暖　何誰福力敢如他
自憐自悅悅情懷　每日々聽々滿六街
儀々白々轎々繁花瘦掬　衣柴不都惚　樸々塵々埃

TEKCT.

終無姓字傳之耳　只以歌詞渾世界

正是逍遙安樂時　被何誰借請也唱將來

680 經　時王有一果園其園茂盛不常患烏雀時

守園人語善友言汝當為我防護烏雀

我當相供給願

684 佛報恩經第十一

變文雙恩記新校

一九七三年三月，我在香港，收到孟列夫教授從列寧格勒寄贈新著變文雙恩記二冊。在孟氏編撰的敦煌卷子目錄第一冊第一四七○號著錄的佛報恩經講經文，即是變文雙恩記。我閱讀此卷影本之後，曾寫「變文雙恩記試論」一文（載香港新亞書院學術年刊第十五期，民國六十二年九月），討論到此卷抄寫的年代，以及雙恩記的名義，和文學上的價值。現存敦煌講經文多缺標題，講經文有正式題名，並且賦與專名的雙恩記，可說是第一次的發現。可惜王重民先生編纂敦煌變文集時，沒有機會收輯這篇變文，以致流傳不廣。而且雙恩記的抄手不佳，也未經精細校對，所以錯字、脫字滿紙皆是。還有當時通俗的手寫文字，和正式楷書，有時差異到幾乎不能認識。我將此卷全部整理後，把它寫成通行文字，遇疑難處都加訂正，以期能普及流通。在判讀文字的過程中，推敲一字，往往費去半日的光陰。發表出來，想必可為讀者節省或多或少的時間。因此我寫成「變文雙恩記校錄」，在幼獅學誌第十六卷第一期（民國六十九年六月）發表。以後我又得見周紹良先生等編輯的敦煌變文論文錄（上海古籍出版社一九八二年出版），也附錄了這篇標題為「佛報恩經講經文」的雙恩記。民國七十九年六月，我又得讀項楚教授新著「敦煌變文選注」(巴蜀書社一九九○年二月出版)，最後一篇也節選了雙恩記兩卷文字。我根據二家校訂，以及自己覆校的新發現，可以改正我舊校的地方，還是不少。因此我感覺讀書難，校書也不容易。所以重新再校錄一次，以就正讀者。至於校錄的主要符號：缺字以□表示。缺字能補足時，所補之字加〔〕號括之。錯字和別字可以改正的，以()號注明正字於原文之下。間有通假字也采用別字例用(正)號注明本字，以便讀者。

民國八十一年五月潘重規記

䨥(雙)恩記第三 ①

經 如是我聞，一時佛在王舍城耆闍崛(崛)山中。

六種成就如是兩字，信成就；我聞兩字，聞成就；一時兩字，時成就；佛之一字，教主成就；在山中已下，處所成就。如是者，為如是之法，我從佛聞；或云，我於佛邊聞如是法，皆指法之詞也。智度論云：生信也。信為能人(入)②，智為能度，信為入法之物(初)基，在(智)③為究(究)④竟(云)⑤玄述(術)。又云：佛滅度時，何(阿)難等問四事，佛令依四念住。如何？觀身不淨，觀受是苦，觀心無常，觀法無我。佛在之日，以佛為師，佛滅度後，宜憑此戒。父(又)還更有何教法⑥？答：有。舍利弗及諸大羅漢等向耆闍屈(崛)山畢撥羅巖間，結集三藏教法。是時會中千個羅漢數內，只有佛弟子阿難未證果位。會中維那白其上座，遣出何(阿)難，不令在會。阿難既被遣出，不那(奈)之何。遂合掌望空，哀苦世尊：「我佛在日，偏休(沐)佛恩；佛隱雙林，我偏失所。仗(伏)願慈⑦尊，遙垂覆護，小賜威光，却得會中，同集教法。」既啟告世尊了，遙禮佛三拜。合掌泣淚，告於世尊。世尊以一道光，照其阿難。光纔照身，尋便自在。湧身虛空，高七方羅樹，身上出水，身下出火，東湧西沒，西湧東沒，或現大身，遍滿虛空，或現小身。我既得此神通，却往畢撥羅巖間，石門已閉，便即打門。問：「阿誰？」却舊處座(坐)，排比結集如是一代時教。會中維那使乃從頭禮請。如是次第，並推年老，無一受者。直至阿難，再三商量，堅請阿難昇座說法。未說閒，大眾有疑，忽然聞道「如是我聞」，大眾方知是阿難。所以經頭上先置「如是」。信如師子乳、皮：乳一滴入於眾獸血中，盡變為水；皮若作絃，一彈眾絃皆斷也。　韻(韻)

牛羊蘇(酥)乳能奇異，　變造多般諸巧伎。
點作樓臺織綺羅，　臥成漿酪能香美。

若遇西天師子脂(脂)⑧，不銷一滴皆成水。
妄緣情，也如是，念念與人為感魁⑨。
境滕(勝)難為別是非，心頭豈解分真為(偽)。
旋旋牽將不覺知，頭頭感却如沈醉。
忽爾纔生一信心，前來妄念皆除弃。
大慈悲父演雷音，法調喻和理極深。
師子乳能除假乳，信誠心解遣邪心。
乳無純正醍醐亂，信不堅牢妄念侵。
若解信心堅固(固)得，大難苦海錯漂沈。

「一時」者，師子合會，說聽究竟，總言一時，揀異餘時。又諸方延但(俱)空，故言一時。「佛」者，覺也。自覺覺他，覺行圓滿，稱之為佛。「王舍」者，梵言曷羅闍姞利呬城，唐言王舍。袮(初)，頻婆娑羅王都在上第(茅)宮，褊户(編户之)家⑩頻遭火害。有勑立令，更有火者罪。後王宮自失火，王遂自遷(遷)寒林，又無城壖(壘)。後舍鑾(鞶)君欲興甲馬討於頻婆娑羅王，王遂築戰城，因此呼為王舍城。

他方比是屬村(村)野，　國法遷(遷)流(罷)灾者⑪。
黎庶遭殃既伯(怕)形(刑)，　帝宮若罪須依化。
吠鞶君，聞位罷⑫，　探候欲專興甲馬。
備急尋時⑬築戰城，　因茲立號稱王舍。

國名王舍為頻婆，　別立茅都自據科。

睿(睿)招⑭垂條無彼此，　莫(英)明立勅揀偏頗。

天聽感化人何倦，　聖德陵(陪)從日更多。

吠舍釐君聞遣(這)⑮事，　當時不敢舉干戈。

「耆闍屈(崛)山」者，梵語姞栗佗羅矩奼，唐言就(鷲)峯，又云鷲(鷲)臺，在上茅東北十五里，接北山之陽，孤摽(標)時(特)起。既栖(栖)鷲鳥，父(又)頻高臺，空翠相明，濃淡分色。佛得道後，十五年間，多居此山，廣說妙法，思益摽(楞)伽等山。此乃孤高迴聳，香麗偏奇。分明之銀漢通隣，皎潔之星雲接里。清風飂飂，流桂香於洞前；碧霧霏霏，送榆陰於座側。而又只栖瑞高(鳥)，不宿凡禽。草敷(口口)之苗，僧宴三生之定。雲騰綠沿，聽龍子以呻吟；鸖(鶴)過深於(松)，覺神仙而引笑。分殿之河珠入牖，(口)欄之斗色流光。仙樂不斷於晴靈(空)，瑞彩長飛(發)碧落。子時送曉，伏日生寒。是身即⑯之奇居，乃中天之勝地。

韻

通霄接漢獨奇秀，　莽蕩旋迴遶(遶)宇庙(寅)

桂畔應難離(雜)⑰野禽，　松間只是栖靈鷲。

壯千峯，光萬岫，　不以炎涼分節候。

正夏風生送臘寒，　子時雉叫交星盡(晝)。

澄潭隱隱聽龍吟，　古洞深深聞虎驟。

落伽榆陰瑞鶴飛，　佛(拂)簾雲過仙歌奏。
截銀河，侵北斗，　柄押欄扦(杆)光冷透。
磬盡鐘殘飯已餘，　尚聞王舍移更漏。
休誇出水妙高山，　並比耆闍又即難。
隊隊香風生桂畔，　羣羣鷲鳥宿松間。
露珠入儈(繪)阿分殿，　月色添光斗枕欄。
若要上方膳帝釋，　出門輊(輕)把白揄(榆)攀。

問：佛何故不於諸國諸山說經，偏於王舍鷲峯說經？
答：緣國勝餘國，山勝餘山，所以世尊說經此處。如何知？所以法章(華)疏云：王都既是王舍，佛住鷲峯，山都兩處雙彰，自他二化伹(俱)說。護云：序分圓就者，此法門示現有二種義：一者，一切法門中最勝故。如王舍勝一切諸國。國乃摩堨之正中，仁王所都處，表一乘乃三乘之道法也。所信境國勝餘國，經勝餘經也。二者，示現自在，切(功)德圓就也。如耆闍崛山，山勝餘山，顯此法勝，此山獨勝，高而復顯，出過二乘，自在瑰槐(巍巍)，功德滿故。又云：國勝餘國，無麗物而不出；法勝餘法，無嘉德而不且(具)。山勝餘山，謂瑞鳥之所栖止。法勝餘法，謂上人之所遊復(護)。還有甚人？莫不是諸方菩薩各門舍利弗等遊此會中。

韻

鷲峯王舍兩但(俱)美，餘國餘山難可比(比)。
莫說人皆智惠(慧)人，兼緣地總賢靈地
足珠珍，多錦綺，軟草祥花咸(具)⑱備。
九夏無勞遠遠敷，三秋鎮有長長媚。
大乘經，也如是，諸教諸經難可比。
菩薩無非現化身，聲聞各總居摧(權)地。
遣彼邊，明不二，接物投機皆得備。
沧(說)有還逢破有居，談空或說非空義。
鷲峯山勝法會殊，王舍國強經不異。
所以如來向此中，長時說據三根(根)記。

國孫山勝地英靈⑲，〔□□□□□□□〕。
武魯人人皆節相，文儒個個是公卿。
八方禮義曾無亂，四海風儀別有情。
是以世尊怜遠事，長於此處說真經。
山又好，法能嘉，山法無偏聖所誇。
法貫深根生道種，山栖就(鷲)鳥折祥花。
要來王舍程非遠，擬往香風路不賒。
說報恩經於此處，有幾多羅漢唱將來。

經與大比丘⑳已辦，梵行已立，不受後有。如摩訶那伽，心得自在。摩訶迦葉與者，兼共廾(菩薩)。龍樹云：一處一時，一心一戒，道同一解脫，是名共。大比丘者，一名怖魔比丘。若行一切魔怖，皆當禮敬。緣有五種德：一者，發心出家，懷佩道故；二者，毀其形好，應法服故；三者，永割親愛，無的(適)莫故；四者，委弃身命，遵崇道故；五者，至求大乘，救度人故。創發此心，令魔恐怖，故云魔怖。　韻

剃(剃)除鬚髮堅持戒，　妄念邪情專破懷(壞)。
意地非論毀相儀，　心中兼已離恩愛。
取菩提，心不背，　誓與有情填苦海。
為有如斯德在身，　魔怨所以長驚退。

清高節操伏王侯，　三事由(田)衣信脚遊。
恩愛豈曾門(關)口腹，　形儀未省學粧修。
有栖心處生穿鑿，　無益門中不囑求。
長遣魔怨懷怕懼，　方得名為大比丘。

二者名乞士，出家之人虛心求道，無所肸(貯)畜，外乞衣食，以資色身。内之(知)㉑門法，度之(諸)㉒人衆，故云乞士。

韻

持盂聚落求齋飯，　濟給身軀摧我慢。
物外之言不挂心，　情中境象專除散。
伏利名，閑松(院)㉓，　長使俗塵生仰羨。

討究真經度脫人，方契當時出家願。
身無拘繫院(院)清幽，大似平江不繫舟。
既解情中無境像，應難閑事挂心頭。
盂中香飯時聞化，傢(架)上田衣不亂求。
長使俗家生仰羨，方得名為大比丘。

上來比丘竟。

此經比丘是大阿羅漢，梵語(行)㉔已立不受後有已下，毗婆沙九十四云：何故名阿羅漢？答：應受世間勝供養故，名阿羅漢。復次，阿羅者，謂煩惱名能害，用利惠(慧)刀，害(割)煩惱賊。此羅漢等，或是久成正覺，權作声(聲)聞，新伏無明，令無餘故，若〔名〕阿羅漢。又阿羅漢名〔無〕生。阿是無義，以無生故生故㉕，名阿羅漢。彼於諸界趣生死法中，不復更生也。又漢者名一切惡不善清〔法〕。纔昇果位。計數即塵沙莫及，都標即二萬八千。阿羅者，即遠離生義。遠離諸惡不善法者，名阿羅漢。此口心惡者，理〔謂〕不善業；不善者，理〔謂〕一切煩惱障善法故。同於佛會之中，聽說報恩經典。說為不是違義，如有頌言，遠離惡不善，安住勝義中，應受世供養。

貪嗔皆〔口〕斷，　盡是阿羅漢。
來往〔往〕㉖得逍遙，　生死難縈絆。

惠(慧)釼(劍)鎮鋒鋩，智月長圓滿。
龍天釋梵人，見者皆稱讚。
會中羅(漢)好儀形，月面長眉眼紺青。
身挂納(衲)袍雲片片，手棰(搖)金錫響(響)玲玲。
行時每遣香明起，定裏長裁(栽)覺樹榮。
總與如來為弟子，顯名故入大乘經。
一隊隊，遶金臺，還列高低次第排。
願聽三祇除見執，希聞一法得心迴。
伏緣自到居巖谷，誓與羣生滅障灾。
不可交聲聞空在會，合應有菩薩也唱將來。

經　菩薩摩訶薩三萬八千人伹(俱)，此諸菩薩，久植德本。无於(於无)量百千萬億諸佛所，常修梵行，圓滿大願。具名曰卄卄(菩薩菩薩)。

菩者(菩)提，此云覺，即所求佛果。薩者(薩)埵，此諸有情，即所化衆生。摩訶薩，大也。謂此有情，信大法，解大義，發大心，趣大果，修大行，證大道故，云菩薩摩訶薩。若據梵語全呼，唐言好略。今此經更著摩訶薩，具大菩薩。又菩薩，所求義，薩埵義，勇猛義，不憚辛苦，求大菩薩。有者有能，故名菩薩。相者也，卄(菩薩)時也。梵行已下直(兼)在家。

雖居塵俗情高豁，恤物憂貧無暫歇。
見苦長聞起對（對）治，於人未省生怨結。
保行藏，持不煞，念念中間專省察。
堅固身心雖在家，此人也得名菩薩。
雖居俗舍渾客塵，別有陰功伏鬼神。
無恨怨酬（仇）無愛春（眷），不憐毫（豪）富不斯（欺）貧。
破除己物如他物，保惜他身似己身。
堅固徹頭行這行，也得名為菩薩人。

經中菩薩者，不同此輩，本是位趨十地，果滿三祇。

垂恐（悲）願而往覆閻浮，現神光如（而）[27]周遊淨土。世無二佛，國無二王，是以權菩薩之形儀，切在助釋迦而宣湯(揚)。萬八千之名號，以(似)有差殊，四廣大之堅心，略無高下。但(俱)持瓔珞，各掛天衣。禮巍巍調御之法王，聽洁(浩)瀚幽深之妙典。

韻

三僧祇劫除煩障，　百億分身曾供養。
釋梵諸天起敬心，　龍神鬼趣生迴向。
為眾生，心願廣，　誓把塵勞與掃蕩。
見道如來說此經，　所以權為菩薩相。
修城(成)菓(果)滿覺圓明，　不異從頭遍禮名。
旋遶寶花舒王(玉)晥(腕)，　蕟揚(發揚)金口整珠瓔。

多興利便緣含識，廣起慈悲為有情。
知道釋迦宣此教，故來同聽大乘經。
悲願切，救輪迴，見者須交業障摧。
現頂寶冠申請益，隱眉毫相侍蓮臺。
隨天衣動香風起，逐足旋行瑞菓(葉)開。
嚴飾得道只百㉘好，更應有天眾也唱將來。

經 復有無量百千欲界諸天子等，各與眷屬，齎諸天上微妙香花，作天伎樂，住虛空中欲界。

並有身光閃爍，[口]晚日之無[口]；體相莊嚴，共諸天而有異。纔言正座，寶殿盤旋；擬道閑遊，彩雲捧擁。身披妙服，輕可三銖(銖)六銖；頂戴星冠，花有百朵千朵。眷屬也無非玉女，侍(侍)從也莫不天男。似闇室內一盞明燈，如眾星中一輪明月。知佛欲說大報恩經，與天眾俱(俱)，咸離上界。雨名花於空裏，奏仙樂於雲中。只逾尅(□)中門，總到着閑法會。

欲界諸天無量，　聞道報恩演暢。
他也整頓威儀，　各乃排比隊仗。
披妙服以忻歡，　躡彩雲兮陽御㉗。
日月豈(豈)敢爭光，　天地不能攔障。
花亂雨以繽紛，　樂同音兮響毫(亮)。

麥(鷲)地空中頓下雲，　各自持花申供養。

當時欲界及諸天，　聞道真經我佛宣。

各整威儀離寶殿，　但(俱)來眷屬下人間。

鼓神仙樂勝(騰)三界，　雨妙香花遍(遍)大千。

只似如今彈指頃，　一時已到法王前。

經　諸天龍夜叉至退座(坐)(一)面。

若論大眾，不異(易)㉚側(測)量，或是聖賢，或是龍鬼。個個執持幡(幢)蓋，人人整頓威儀。以(似)星簇(簇)高天，如雁奔陽浦。或有小小個勤筞(策)，威即降龍，也有老老大沙門，力能伏虎。或有能楊(揚)邪辯，擊論鼓而魔黨頃(傾)心；也有妙運法音，說志(至)理而天花落座。或有身披百納(衲)，袈裟上點點雲生；也有意愽(博)三乘，口海内滔滔義泛。或有長者居士，抱(拋)榮貴而出家；也有帝主后妃，募(慕)高閑而求道。阿修(羅)即攝諸法曲，乾闥婆即呈妙清歌。乃如斯便數若何(河)沙衆，圍繞釋迦化主。

聲聞菩薩兼龍鬼，　浩浩如砂難總記。
風之旋來海角清，　神仙亂下祥花墜。
滿虛空，遍天地，　㙊(垓)羅未省纖(塵)起。

雙恩記第七

經　爾時太子聞是語已，悲淚滿目。世間衆生造諸惡本，衆苦不息，憂愁不悅，即迴車還宮㉛。

太子比意出遊，翻招苦惱。為覩前耕(耕)織等，不免淚流盈目，塵坌滿身。嗟衆業之極多，慜二苦之太甚。強欺弱者，幾時解息於冤家；富役貧人，何日破除於辛苦。是以迴車上路，整隊還宮，音樂聞如不聞，舞袖見如不見。鶯訴滿堤之嬪婇，五五三三；恒惶闔國之生靈，千千萬萬。如雲急過，似鳥奔飛，正在商量，已却歸殿。

偈曰：

憫念衆生業所為，　袖淹雙淚旋(旋)還垂。
行行舞伎似無見，　接接笙歌(歌)如不知。

揭地鼓鼙噴㉜綠野，　悵(帳)㉝天塵土絞紅旗。
滿城驚訝出門看，　人鬧馬斯(嘶)皆總歸。

既迴不樂。王問曰：「汝比出遊行，今何故不樂？」太子曰：「父王！我比出遊，看園苑，不知人有此辛(苦)㉞。為骨肉之營摸(謀)，致衣食之傷害。耕者出蟲而鳥啄，織婦紡縷以子勞。屠宰煞劉(戮)於牛羊，捕獵羅鈞(釣)於魚雀。互興損害，終結冤家。苟事謾心，以強欺弱。所以不忍覩見，車馬卻迴。眾人既迫於煎熬，獨自何須於快樂」。

偈曰：

只管尊高處帝宮，　未知門外苦千重。

烹燖唱叫恨屠子，　網捕喑嗟傷釣翁。
少婦車前乇(長)然(撚)縷㉟，　老烏犂過旋(旋)銜蟲。
都由煞害兼衣食，　所以歸來不顧逢。

王曰：「汝極錯吳(誤)。人之世間，貧富隨業，皆須衣而裹體，復籍(藉)食以養身。不紡而何致衣裳，不種而何求粟麥。至如飛禽走獸，大體亦然。隨果報而雖別形儀，配業緣而互相食敢(噉)。鼠為猫之煞害，匪自人教；蝶遭蛛之網並(罥)，盡隨天使。汝莫傷嘆，此蓋常規。若勞我之精神，又何名為孝道。」

詩曰：

天配人生豈自由，　有親有愛有冤酬(仇)。
福深盡為多曾種，　分薄都緣不廣修。
貧女製衣功紡識(織)，　耕夫種植仕(事)田疇。
思量總是尋常法，　何必歸來獨致憂。

太子曰：「然即如此，不敢違王。欲擬上聞，請乞一願。」王曰：「汝但取吾意，音樂自娛，凡有所須，我皆隨汝。」

吾唯有汝偏憐惜，　滿國黃金未為直。
豈獨憂愁世苦辛，　何偏傷愍人驅役。
閻浮提，隨業力，　但自安和莫煎逼。
又說別懷弘願心，　一依所要無違逆。

初聞見汝載愁歸，　未測因由極貯疑。
貴賤豈關今世作，　矩(短)長皆自宿緣隨。
何消挽思㊱加憂恨，　但自寬懷好保持。
若有願心隨速說，　一看所要必無違。
龍顏頻視事難裁，　子未披申永縈懷。
寸步含疑何日了，　雙眉簇(蔟)恨幾時開。
臣寮惕惕隨班望，　嬪婇兢兢出殿排。
只候諸官言奏對，　大家安樂唱將來。

經　太子白言：「願欲得父王一切庫藏所有財寶飲食，用施一切。

太子曰：「王是我之父，我是王之兒，既有私願，心(必)合細其(具)敷奏㊲。願得王之飲食，濟接飢人；願得王之珠金，布施貧士。使織婦不勞於機杼，耕夫罷役於犁牛，漁翁斷釣於江河，獵士解(弓)㊳於林野，屠宰放猪羊之命，不結冤酬(仇)；採捕捨鸞雀之生，斷除驚怕。咸令充足，普使安寧。伏乞聖慈，許令開庫。」

偈曰：

我為生靈苦惱拘，　並緣衣食作崎嶇。
耕桑處處忙三際，　營宦門門役九衢。
願使煞傷皆總免，　欲令疲弊盡昭蘇。

乞王庫藏皆充施，　　未委天心捨得無？

王曰：「隨汝所要，不逆汝意。」太子遂喜，選日開庫般(搬)物。以五百大象載出四城外，宣令國土，凡有所要，不逆其意，具在經文。

於是鏁鑰齊開，封題並圻。珠珍卸[illegible](适)㊴，寶具分樓㊵，併工搬運於天庭，簇手騰移於御庫。差羅異繡，盡雄藩朝貢之儀，瑞錦音(香)綾㊶，皆大郡謝恩之禮。玉帶盤鞓而積屋，金瓶東樸㊷以排山。鏤花之疊樸何窮，起突之舡連莫數。見錢等般㊸尖可算㊹，雜綵並海水方齊。五百象馱而以夜繼明，四城門採(埰)而自高及下。降勅召羈孤之者，道路如流；齊鐘（齎鍾）㊺集耕稼之民，村園競集。遂所要而一任般（搬）取，隨希求而不障往來。何言於大有之年，遠謝於無虞之歲。

君王為子傾諸庫，五百象馱排四路。

錢絹綾羅泛指埠（堆），金銀珠玉何窮數。

詔殊藩，宣近輔，綸指（旨）普天廣流布。

但是貧寒速遍尋，無論好醜須濟（齊）赴。

國王應願念生靈，太子施財興濟度。

一取來求不障蘭（攔），任隨所要無遮護。

眾皆知，悉齊聚，狀星簇兮如澮注。

換年少孤寒闕人㊻，總教滿足無貪姡（妬）。
家駄出國並流傳，聖主搜尋有勅宣。
一表帝王修淨施，二彰太子結良緣。
依時集士如雲赴，繼日般（搬）財似蟻旋。
應是人家皆快活，排門比戶散塠（堆）錢。
州州縣縣是（足）㊼珍財，只管笙歌醉玉盃。
頓棄耕桑忙歲月，永拋經紀走塵埃。
愧慚天子恩波及，感荷王孫庫藏開。
正是國人般（搬）取次，阿誰諫諜（諜）唱將來。

經　時庫藏臣即入白王：「所有庫藏，太子今已三分用一，王宜思之。」

此臣正直為心，忠孝成節，非關惜寶，卻為勤王，憂國庫之空虛，必朝綱之散亂，遂啟白王曰：「太子取寶布施貧窮，自數月來，三分已一，不敢遮障，合具奏聞，請王誠(誡)之，勿令分外。」

臣主珍財合盡忠，　隄防急疾要須供。
保持鑠鑰費身力，　較察奸邪無少容。
府縣凋殘填納庫，　生靈脂血進王宮。
數旬太子般(搬)馱施，　已是三分減一空。

王曰：「我子，不欲違拒。」又經旬日，轉取多遂(遂多)。階(諸)

王臣衆議憂煩，曰：「凡是國城，須憑庫藏，財寶既竭，國力如何。不可掩惜人情，更須奏聞天聽。」主藏大臣又再奏。

偈曰：

謬忝為王主藏臣， 佩魚衣紫入朝門。
惜言却是不忠孝， 有事直言先奏聞。
賜罪任隨刀下喪， 誅家何懼失(火)中焚。
適來點拾(48)諸珍寶， 太子三分竭二分。

王聞臣奏，又敕云：「吾子不欲違拒，然卿小出稽遲，莫稱其心，所貴校却時光不取矣。」之(49)主藏臣雖依王敕暫出，太子依日時節開庫不遇，遂怒曰：「此小人，爭敢逆我心意，多必是父王教矣。」太子遂少復思量曰：「夫為孝子，不逆君心。未可自要結緣，傾竭父母庫藏，須是別求財寶，救接貧窮，若不設計營摸(謀)，何名施主。我今誓不取庫內諸珍財，願集多智人商量別營運」。

忠孝仕君親，不合逆王意。
忝作丈夫兒，爭合為(違)(50)天地。
若有悲心慜憔悴，直須別有天生智。
免有君王心撓煩，謾教臣下言騰沸。
唯財唯力要親招，唯福唯緣不相庇。

願集城中眾老人，別摸(謀)營(運)[51]修壇(檀)施。
免拘惡逆撓王情，又得依錢(前)庫藏盈。
立使臣寮咸滿願，永除主掌別流名。
深知自過為人錯，莫泥他冤出令行。
何似集賢商議取，共施智計與營生。
濟人須是自豐財，多木(少)臨時耳(取)意懷[52]。
多即我能施滿足，少時他不為添陪。
嗔嫌豈可因緣就，歡喜方能智惠開。
敢問在朝卿相等，阿那邊足利唱將來。

經

爾時善友太子即集諸臣百寮共論議言：「夫求財於何業

最勝？」

太子前作念，遂選日詣諸大臣問：

輔弼朝臣世共詞，　名聞諸國計難過。

匡扶社稷咸忠政(正)，　陶鑄生靈盡叶和。

理亂境無(凶)傷暴，　稅田民不怨煩笴(苛)。

算應也會求財路，　那箇門中利最多？

太子纔問了，中有第一大臣白太子，曰：「吾聞財廣莫若營農。今年本種五升，來歲利收於十斛，不費人之遠計，只煩牛以開耕。太子(罜)出自於天時，太半兼歸於地閒(潤)」。

潤息村田更不過，無論夏麥與秋禾。
三升今歲擺三畝，一粒來年收一科。
種日役牛雖困惓(倦)，熟時排穗莫當何。
既蒙太子垂言問，只有耕農利最多。

善友却答，偈曰：

深謝強摸(謨)計出先，思量未甚是佳言。
儻蒙熟去誰懃地，忽若旱來須恨天。
朝日尚難期晚日，今年早晚到明年。
比來怕見民辛苦，特地教人却種田。

別有一大臣曰：「不欲種田，無過養畜，或牛羊駝馬，或鵝鴨鷄猪，隨水草以滋生，逐放牧而肥盛。牛即以馭車般〔搬〕載，馬即以涉路乘騎，猪羊而祭〔祀神祇〕(54)，鵝鴨以供承鄉相。要者必買，無日暫停。方表利多，更難過此。」

偈曰：

養育全因水草肥，深宮太子也應知。
牛於要路公私載，馬向門出入朝騎(55)。
鵝鴨烹炮供輔相，猪羊宰煞祭神祇。
是人家要須教買，得利偏多更莫疑。

足(56)〔時〕太子聞之，又却答：

此計思量更不名，大能邪見濫朝

發言爭使我重問，　　塞耳轉教人懶聽。
束髮堪嗟虛受祿，　　佩魚可惜亂公卿。
比來怕業慊(嫌)怨債，　　特地如今卻煞生。

此既不稱太子意，最後有一大臣，精神爽明(朗)57，詞辯分明。曲身而走出班行，仰目而直言啟白：「太子！我見太子，非是凡人。有怨(慈)58有悲，有智有惠(慧)，嫌煞生怨債，不欲煞生；知營種辛苦，不欲營種。意今普令含織(識)，無事安寧，著自然之衣，食天賜之飰(飯)。破貪嗔癡之窟宅，出離塵勞；重戒定惠(慧)之身軀，圓通法行。莫若入大海內，拜謁龍王，求摩尼寶珠，與眾生利益，要飯即雨飯，要衣即雨衣，要金銀即雨金銀，要珠玉即雨珠玉。不傷物命，不使心機，除非菩薩以能行，難可凡夫之去得。

我知太子嗟生老，　廣運怨(慈)悲大能好。
豈是凡人見解功，　直為菩薩修行道。
在遲遲，功草草，　必與有情除熱惱。
若欲皆令免苦辛，　無過求得摩尼寶。
海龍珠寶號摩尼，　求者千人得者希。
要飯便教傾美飯，　須衣五使雨名衣。
放(般)般羅綺皆能出，　種種金銀一切隨。
必若辦心親去得，　是名太子不思議(議)。

菩薩行，且怒(慈)悲，　凡小人民莫可知。
太子往來無障難，　功能轉更不思議。
雖切切，在遲遲，　善事多摩(磨)花(莫)倆移(59)。
却怕眾生薄福德，　不逢太子却迴歸。
臣雖設計盡卑懷，　去往臨時好剸裁。
比要身安希償(賞)(60)祿，　莫教王恠(怪)却成灾。
徬徨失次唯憂恥，　戰汗交并未敢迴。
太子當初聞此語，　惬意不惬意唱將來。

經

善友太子言：「善哉！善哉！唯此快耳」即入王宮，上白父王。太子今欲大海採取好寶。

善友聞此臣說，忻喜異常。移時激讚於善哉，累顧稱揚於快耳。再三感謝，實是智人。不覺舉身，合掌偈讚：

方信朝庭有智人，　此之高紆(計)未曾聞。
菩提路上逢良友，　熙惚(熱惱)城中覩惠雲。
實為共心修利濟，　真名同力救沈淪。
願吾來往無摩(磨)難，　分一半功能奉獻君。

善友太子說偈纘(讚)已，即入王宮，白父王，曰：「我為濟貧，開王庫藏；又恐虛竭，不欲破除。既乏力而無門，願入海而求寶。精(請)王教去，不要憂煩。遠至半年，便即朝覲。」

我今入海求珠寶，普向閻浮濟孤老。
大把憂煎與改移，廣將貧困令除掃。
日不遙，人滿道，隨(61)分行裝便應到。
特故朝參辭父王，願王令去無憂惚(惱)(62)。
坦然平道並無山，商侶稠盈不至難。
去約數旬摸(謀)採訪，來朝半歲便歸還。
何消驛遞排家餜，自有程糧逐意湌。
只願父王深體察，莫將憂惚(惱)作遮攔。
保持平善却歸迴，必沒龍神與作灾。
損物人心終致患，利生天眼筭應閞(開)。

暫假恩情莫繫懷。

稍寬日月時通信，

想得父王聞諧(請)語63，　大慼不樂也唱將來。

經　王聞此語，譬如人啨(噎)，亦不得咽，又不得吐。語太子言：「國是汝有，庫藏珍寶，隨意取用。何爲方便，自入大海。汝爲吾子，生長深宮，卧則帷帳，食則恣口。言今者遠涉途路，饑渴寒暑毒64，誰得知者！又復大海之中，衆(難)65非一。或有惡(鬼)66毒龍，湍浪猛(猛)風，迴波涌復(覆)67，水泡之山，摩竭大魚，往者千萬，達者一二。汝今云何欲入大海，吾不聽汝。」

佛報恩經第七

報恩經第十一

經　得到此岸，見弟惡友，問言：「汝徒儻(黨)伴侶今何所在？」善友既蒙龍王差鬼兵送出海岸，送已却迴。見弟惡友，問：「五百商人，今在何處？」

下經答云：

「善友！船舫沈(沒)⑭，一切死盡，唯第一身牽持死屍得全濟，衆伴財貨一切已盡。」

偈云：

短壽長年莫定論，　煙濛咫尺豈能分。
久湇(諳)舡舫由(猶)為可，　乍見波濤必喪魂。

飜覆任言天上寶，　傾危何管國中尊。

諸多商侶皆沈沒，　唯我脩心偶得在(存)。

善友聞已曰：「深喜深喜，財寶閑事。天下所重，莫若己身。但得身安，何愁珠玉。」惡友曰：「我即不爾，今願富死，不貧而生。何以得知？我曾至塚間，聞諸死鬼，作如是論，我所重寶，不能重身。」

經意元是誘兄珠之去處矣。

偈告兄曰：

兄見珠金寶等閑，　我於此捨最為難。

有財到國意方滿，　空手卻歸心總闌。

是事不知長似鈍，　見人少語也成煩。
爭如富貴身終(終)歿，　大勝貧窮住世間。

善友心信質直，所貴安在(存)弟意。恐海中沈却珍寶，倍生惆悵。尋語弟曰：「汝不要惆悵，沈沒舡舫，極是閑耳。吾已得龍王如意寶珠」。惡友尋問兄曰：「珠今在何處？」答曰：「吾得寶珠，見在髻內，朝昏守護，動止隄防。貴滿父母之憂憐，兼救生靈之貧困。助弟喜慶，莫至勞心。雨得寶時，大家富貴」。

寶珠常在我頭髻，　今日分明言告弟。
暮去朝來受苦辛，　勞心在意須藏閉。

雨珠金，弘救濟，　平等利生除困弊。
莽鹵人來莫遣知，　免遭劫奪違言誓。
此來已是有前期，　蔟(簇)蔟行程必不遲。
每憶當初辭國出，　豈望今際得珠歸。
傾心大作弘慈憫，　雨寶偏能救困(69)危。
除却路途分付弟，　別人借問莫教知。
謂(為)之悲喜兩盈懷，　大願今朝已允諧。
既有難思珠內寶，　何須戀著海中財。
希求分外深為錯，　散失尋常不足哀。
惡友聞兄如此說，　算應設計也唱將來。

經

弟聞是語，心生嫉姤(妬)，憂恚懊惱。作是念言：父母而寵(70)偏心愛念，今復更得摩尼珠寶(71)。我身今者父母惡賤，甚於瓦礫。

惡友因此念念，遂重起念偈：

善友承恩眾具瞻，頭頭(頭)憐惜認憎(增)添。
行時嬪婇千花從，臥則帡帷百寶□(兼)(72)。
未到先排珂貝倚(椅)，遙來已卷水精簾。
此時更得朱(珠)歸去，看我如冤轉被嫌。

纔自語心偈已，尋起合掌白兄曰：「快善！甚善！得此寶珠。今此險路，宜加守護。」善友直心，語惡友曰：「外(收)

取此珠，勤加保護。我若歇息，汝宜看之；汝若睡眠，我自看守。」如是數日相隨，皆如前說。

寶珠解下汝收取，　在意著心勤守護。
行座(坐)專專共保持，　睡眠好好相分付。
防惡人，看險路，　見聞覺知必嫉妬。
忽然參差失墜他，　攡(擬)於何法中論許(訴)。
此珠希有貫(實)難求，　不是龍王不易留。
汝睡必見專意護，　我眠託弟著心外(收)。
惡人奸巧爭無計，　嶮路崎嶇未免憂。
必若因修(循)遭失墜，　檀陂(波)羅蜜大難修。

莫眠莫揚(慢)莫遲迴， 莫信因循莫妄推。
莫遣遲心於弟誤， 莫教失事把兄捩(挨)。
幾多孤老希今力， 無限貧窮望此財。
如是相隨經數日， 到阿誰看守也唱將來。

經爾時惡友次應守珠，其兄眠卧，即起求二乾竹刺兄兩
目，奪珠而去。

惡友設計，算兄睡著，次當守珠，求二乾竹斥(庄)。
道途辛苦睡深更， 善友沈然夢寐成。
工土(士)保持雖意在， 惡人計校已心生。
酌量地里應難趁， 顧望天何(河)必未明。

取二竹枝叅(簽)眼損，　偷珠連夜發先行。

善友既被簽目損，連喚惡友名字：「惡友！惡友！此有大賊，損我兩目。」不知已先去矣。既喚不應，又更大聲唱叫：「惡人！惡人！我目已損，若要珠，任將去。莫損我弟，我弟癡幼。」望空叫喚，語賊曰：

海寶摩尼一任將，　自緣不解别收藏。
却憂我弟年癡騃，　伏願慈悲莫損傷。

如是叫喚求囑，亦無人應，遂咸(感)樹神，故下經云：

如是高唱，聲動神祇，經久不應。爾時樹神即發聲言：「汝弟惡友是汝惡賊，刺汝兩目，持珠而去，汝今喚惡友(何)為

(73)？」

以偈告曰：

不在(住)(74)高聲唱叫頻，更深空使動龍神。
偷珠將去非珠類，損汝眼傷是汝親。
休費語言求彼命，謾恩(思)愛惜他人身(75)。
要知賢弟今消息，便是將筌(簽)下手人。

善友曰：「苦哉！苦哉！何知此事！」

仰天深夜(76)倍號哭，雙眼痛兮痛難觸。
不易知他嫉妬情，如何拔得乾枯竹。
何怨酬(仇)，何骨肉，合面草頭(顛)血流漉。

比者將為真弟兄，誰知有此心中毒。
錯疑錯為賊來侵，此行乖差嘆(嘆)古今。
珠逐惡人星夜去，血隨乾竹草頭霖(淋)。
語多種種傷無盡，哭斷聲聲痛轉深。
將為慈悲真我弟，誰知懷此毒身心。
和身合面嫩(嬾)能迴，石作心肝見也摧。
走獸曲蹄咸悵望，飛禽斂翅盡悲哀。
不唯永夜無辜逝，兼向長途詑(絕)主埋。
惡友既將珠走去，還向何國土也唱將來。

經

爾時惡友齎持珠寶(77)，還歸本國，與父母相見。日(白)

(78)言父母：「我身福得(德)，而得全濟。善友太子與諸從伴薄福德故，沒水死盡」。

此即惡友太子偷珠先去，歸到本國，白父母：

善友前生業所為，　泛滄波裏獨身危。
幾多珠玉被風陷，　無限經商遭水吹。
未發擠排(79)由(猶)可慎，　上舡悔恨已難追。
人間分命將知(80)定，　只我安寧卻得歸。

問：父母聞此如何？

下經云：父母聞是語已，舉聲大哭，悶絕躄地，以冷水灑面，良久乃蘇。語惡友言：「汝云何乃能持是而來？」

一過啼多血滿腮，　肝腸寸斷幾千迴。
翻使惡人延命祿，　却教善友掩泉臺。
不曾傷物物(81)何怨，　無事負天天送灾。
水漂便合相隨去，　更趁今朝作甚來。

惡友遭父母嫌弃，心轉懊惱。比擬將珠出去(云)我得，後聞此語，遂埋土中。

既遭父母相嫌虐，　轉轉思量生毒惡。
門外雖行(82)強破除，　宮中住總無依託。
倍悲嗟，暗斟酌，　已是隔生曾淡薄。
莫謾將珠送與他，　不如掘地深埋却。

如今設使取珠呈， 難免悲啼只憶兄。
事事憎嫌非此世， 頭頭毀罵出多生。
欲摸（謀）計策辭宮內， 又恐傳揚哭國城。
直得珠奇千萬種， 思量也是不垂情。
爭如深掘土中埋， 斷却多生以命摧。
向我垂情非世願， 與他為子是天差。
半年出國憂千種， 一日歸宮罵百迴。
這箇也為閑處事， 問善友到何安泊（也唱）將來。

經 爾時善友太子被刺兩目，乾竹籤刺，無人為拔。徘徊婉轉，靡知所趣。當時苦惱，大患飢渴，求生不得，求死不得。漸漸前行，到利師跋王國界。

惡友將珠到宮，遭父母嫌污，其珠已埋却。

兄在後扶身漸行。

草中擡得身，　捫摸覓途路。
迷悶雖半醒，　疼痛何申訴。
徘徊自慰心，　疲困誰相顧。
便是盲乞人，　無物堪防護。
嬌癡惡友何生毒，　忽起此心刺兄目。
我即雖然行步遲，　憂伊算得程途速。
於我無情却是閑，　將我寶珠恐傷觸。

騃小都由神鬼迷，　仰天不覺連聲哭。
一聲斷兮哭一聲，　念伊癡騃嘆(嘆)伊名。
我心終不見伊過，　願得身安歸帝京。
聖賢保護令無難，　父母見歸思念生。
到年長大解思寸(忖)，　長短却來尋覓兄。

如是啼哭，伴行數日，到利師跋王國界內。其善友太子未入海時，父王許利師王女結親姻，後知入海溺水。太子欲到國數十里，於路上詐為盲乞人座(坐)。恰遇牧牛監官，為王放五百牛。其牛王遂以足騎太子身，放諸牛過。以舌舐眼，拔出竹刺。良久，牛王遂去。後牧牛人顧視知異。

偈問：

觀汝雖然兩目盲，　感拈牛拔竹籤行。
已前祥瑞雖閑事，　此日希奇爭不驚，
莫是中私藏幻術，　為曾上世奉神靈。
免吾種種疑心起，　幸望通傳何姓名。

善友蒙問，尋自思維，我若實說，其惡友必遭損害。緣利師王是外甥矣。遂只答言，我是盲乞人矣。

深慚陋賤無名字，　乞食偶然行至此。
幻術都來莫會他，　神靈也不曾相仕(事)。
蒙牛王，與拔刺，　應是殘身未當死。

人(仁)者今朝何必疑，我身只是孤貧子。
我無家住復無歸，乞食求天信脚為。
此世孤寒甘賤陋，前生飢薄致窮危。
非關竹刺藏深術，都是牛王具大悲。
見是形容皆總見，忽然何得又相疑。
莫於姓氏亂疑猜，我此形軀必不材。
託母未知何相貌，生身終日走塵埃。
遭逢竹刺緣償業，值遇牛王為息灾。
爭那牧牛人不信，再三慇念也唱將來。

經

時牧牛人遍體觀望，人相有異。即語言：「我家在近，當供養汝。」時牧牛人即將善友還歸其家，與重重(種種)飲食，誡敕家中男女大小：「汝等供侍此人，如我不異。」善友雖如此分疏，牧人終不信。遂將歸。

偈語曰：

眼目雖盲託賤身，　那(奈)何不稱受飢貧。
雙眉鬱鬱入數鬢，　兩耳棱棱垂埵輪。
平正人中高鳳觜，　分明指上旋螺文。
莫嫌我向村園住，　盡此身來養育君。

盲人遂背去，牧牛人將歸家養，語其大小，令勿輕慢。引前文。如是經一月。其家厭患有語。

善友聞聲不樂，即自思惟，明日早辭欲去。牧牛人曰：「莫是我家小幼？」答曰：「不然，非汝家大小不垂情，自為無分矣。故不宜久住也。」

偈辭：

揣度飢貧每自謙，　眼盲遠物總難捻。
卧身席是汝妻送，　洗面水令賢子添。
嘿嘿怨嗟緣我乞，　明明看侍為〔君〕(83)嚴。
今朝所以相辭別，　不可直須教到嫌。

牧牛人曰：「不可去矣！」善友曰：「不然，須去矣！」如是再三，留不得。遂問：「去要何物？」盲人曰：「汝若怜念我者，為我作一面瑟(琴)(84)，送我著州城多人之處，我自彈曲乞食矣！」牧者遂求得一瑟(琴)贈之，送在利師王國市內。

留連雖切無心住，　懇至拜辭須欲去。
盲土(士)然知說擾煩，　牧人未免生疑慮。
我貧居，況村墅，　難辨珠金相借助。
奉獻家中一面瑟(琴)，　送君安置多人處。
主人垂念客分明，　難似今朝主客情。
客感叨煩言切切，　主慙寂寞淚盈盈。
居家極闕三時飯，　送路聊申一面瑟(琴)。
彼此禮儀皆總足，　相隨直到利師城。

恁肩入國座(坐)長街，　別牧牛人請却迴。
倚託故難嫌浩鬧，　經過信任撲塵埃。
擎抄(挲)頭面情私喜，　調弄瑟(琴)絃曲暗排。
多少人民皆總看，　何似音生指也(唱)將來(85)。

經善友巧善彈瑟(琴)，其音和雅，悅可眾心。一切大眾皆共供給飲食，乃至充足，利師跋王國內伍百乞人皆得飽滿。

既到國內，遂彈瑟(琴)，一切人皆看，兼五百貧人。
倍加彈得感人情，　終不分踈出姓名。
曲上早能分節柏，　絃中更巧貼音聲。

非唯探候聞宮內，兼又傳揚動國城。
應是街坊相屈喚，無論高下總來聽。
因此街坊人衆，遞互相傳，裝裹衣裳，供給荼(茶)飯。豈空飽一身盲士，兼普濟五百貧人。皆蒙曲調之因依，盡自賢歌之庇廕。
街坊每日彈歌曲，到處看人千萬蔟(簇)。
總道多應別有家，盡言可惜教無目。
飯盈盤，衣滿襆，無問高低垂顧錄。
莫說豐饒一箇身，兼供五百貧兒足。
朝朝座(坐)市弄絃歌，婦女雲奔不那(奈)何。

雅調又高兼又穩，清音能美複能和。
非空飯味人人足，兼得衣裳日日多。
五百貧夫皆飽暖，阿誰福力敢如他。
自懽自悅暢情懷，每日人聽滿六街。
儀貌頓蒙拋瘦悴，衣裝都總換塵埃。
終無姓字傳人耳，只以歌詞渾世財。
正是逍遙安樂次，被阿誰借請也唱將來。

經　時王有一果園，其園茂盛，常患鳥雀。時守園監語善友言：「汝當為我防護鳥雀，我當好相供給。」願[86]……」

佛報恩經第十一

附注：

①⿱雨隻為雙俗字，从雨，从隻，會意。敦煌俗寫文字雨、兩往往不分，故从雨即从兩。龍龕手鑑雨部（新編頁三六○）：「⿱雨隻，正，所江反，雨皃也，今作雙，同也。」

②「人」與下文相銜接，當為「入」字。敦煌俗寫文字，人、入往往不分。

③「在」承上文，當為「智」之誤。

④敦煌俗寫，「究」、「宂」不分，「宂」當為「究」。

⑤「云」當為「之」，形近之誤。

⑥周紹良校「父」改「叉」。

⑦原卷作「慈」，周校作「世」。

⑧敦煌俗寫，偏旁「日」、「月」往往不分。

⑨原卷作魃，周錄作魅。

⑩大唐西域記卷九：「初，頻毘娑羅王都在上茆宮城也。編戶之家，頻遭火害。」原卷「褊戶〻家」，當為「編戶之家」之誤。

⑪「者」字叶韻，疑「灾」上或脫「罪」字。

⑫此句疑是兩三字句，當作「吠聲君，開位罷。」如為七字句，則「吠」字下當增「舍」字。

⑬尋時猶言隨時。

⑭睿(睿)招、睿蓋睿字。龍龕手鑑玉部瑨作璿、瑢(新編頁三二六)。招，疑當作詔。

⑮敦煌寫本這或作遮。

⑯即字疑誤，或當作毒。

⑰「離」疑當作「雜」。

⑱疑脫「具」字。

⑲此下疑脫一句。

⑳佛報恩經序品第一作「與大比丘衆二萬八千人俱，皆所作已辦，梵行已立，不受後有」，此有脫文。

㉑敦煌俗寫往往以「之」作「知」，此「之」當為「知」。

㉒敦煌俗寫往往以「之」作「諸」，此「之」當為「諸」。

㉓「⿰阝⿱穴乚」為「院」之俗寫，原卷誤書於前行「物外之言」上，今移置於此。「伏利名，閑松院」，言離俗幽居，即下文「身無拘繫⿰阝⿱穴乚清幽」之意。案龍龕手鑑水部（新編頁一六二）：「⿰氵⿱穴乚，或作浣」，可證「⿰阝⿱穴乚」即「院」之俗寫。

㉔據經文「語」當作「行」。

㉕疑衍「生故」二字。

㉖「來往」，周錄誤作「東往」。

㉗敦煌俗寫「如」、「而」同用不分。

(28) 原卷似「皆」字，周錄作「百」。

(29) 「御」不叶韻，疑誤。

(30) 敦煌俗寫「異」、「易」往往通用。

(31) 「迴」下原卷衍「即」字。

(32) 龍龕手鑑新編（頁三一九）：「嚝，虎横反，鐘鼓聲也。」

(33) 敦煌俗寫偏旁「忄」、「巾」不分，「悵」當作「帳」。帳天，猶言籠罩天空。

(34) 項楚校作「苦辛」，按上文云「何日破除於辛苦」，似當作「辛苦」。

㉟乇然，項校云：「乇為長字草書，然當為撚，撚縷謂撚絮成縷，為手工紡績之一事。」

㊱項校：「原文思應作腮。撓腮，形容焦慮貌。西遊記卷一：一個個伸頭縮頸，抓耳撓腮。」

㊲「心」字疑當作「必」，不當與上私願連文。項校讀「既有私願心」為句，似未諦。

㊳「解」下似脫「巧」字。

㊴𧝑、原卷作䄯，蓋𧝑字。唐寫本文心雕龍祝盟篇：臧洪喢血，喢作𠻝，趙萬里誤認為唾。珠珍卻𧝑，謂珠珍自護𧝑卻下。

㊵具，疑當作貝。

㊶項校：「按應是香字形誤。」

㊷敦煌俗寫偏旁「扌」、「木」往往不分。龍龕手鑑新編（頁一九五）：「㩗，胡佳反，挾物也。」

㊸玉篇：「般，步千切，大船也。」原本玉篇零卷：「𦨖，說文古文般字。」

㊹項校：「原文可字是叵字形誤。叵算，無法計算。」

㊺項校：「賫即齎之俗字。賫鐘，鳴鐘，賫即使發聲之義。」

㊻項校：「此句有誤，今檢原卷照片，換字右側有一

』號，當是誤字。此句或應作『年少孤寒囗（貧）闕人』。

㊼項校：原文「是」字是「足」字形誤。

㊽項校：原文「拾」是「撿」字的俗字「捡」的形誤。

㊾「之」猶「是」也，「之主藏臣」猶言「是主藏臣」。

㊿項校：原文「為」是「違」字音誤。

(51)項校：「今按，闕字應在『營』字之下，茲據上文『願集多智人商量別營運』語擬補『運』字。」

(52)「才」當作「少」，「耳」當作「取」。言自有豐財，布施時或多或少，皆取決己意，自由分配。

53 項校：「新書無字作兵，今檢視原卷影片，實作『兵』，乃草書『無』字。」

54 項校：「祀神祇三字原脫，按此處應是對句，故據下文『猪羊宰煞祭神祇』句擬補『祀神祇』三字，作『猪羊而祭祀神祇』，正與下句『鵝鴨以供奉卿相』為對。」

55 此句疑當作「馬向朝門出入騎」。

56 「正」字疑衍，或當作「尒時」，脫「時」字。

57 「明」字與下複，疑當作「朗」字。

58 「怨」當為「慈」之誤，下「廣運怨悲」、「且怨悲」同。

59 項校：原文「花」字是「莫」字之誤，應作「莫倆移」。倆移，同「踴移」、「勇伊」，猶豫不決。敦煌本妙法蓮華經講經文：「所許蓮經便請說，不要如今有踴移」。又歡喜國王緣：「好道理，不思儀(議)，記當修行莫男伊」。「男」當作「勇」，「勇伊」也就是「踴移」、「俑移」。

⑥⓪項校：原文「償」當作「賞」。

⑥①原卷「隨」字，新書排印誤為「除」字，幼獅學誌雙恩記校錄作「隨」不誤。

⑥②龍龕手鑑心部上聲：「惚俗惱正」，又入聲：「惚音忽，又俗音惱。」下「莫將憂惚」，「惚」亦俗「惱」字。周校「惚」皆誤為「愁」。

(63)「譜」疑當為「請」或「讚」。周校作「諸」。項校：或是「諸」字。

(64)經文無「毒」字。

(65)經文「衆」下有「難」字。

(66)經文「惡」下有「鬼」字。

(67)經文「復」作「澓」。

(68)經文「沈」下有「沒」字。

(69)「囯」字新書誤作「國」，周校作「囯」。

(70)經文「而」下有「常」字。

(71)經文「珠寶」作「寶珠」。

(72)原卷模糊，疑是「兼」字。周錄作「厨」，不叶韻。

⑦③經文「友」下有「何」字。

⑦④「在」疑「往」字之誤。

⑦⑤原卷作「謾恩愛惜他身」、「身」字上似添「人」字。「謾恩愛惜他人身」、敦煌俗寫文字、「恩」、「思」往往混用不分、此「恩」字當作「思」字、言善友自身被害、尚思愛惜他人之身也。

⑦⑥新書「夜」誤作「底」、據周録改正。

⑦⑦經文「珠寶」作「寶珠」。

⑦⑧經文「日」作「白」。

⑦⑨項校：原文「擠」當作「齋」、齋排、指行裝囊橐等。

80 新書「將知」誤排作「知將」，幼獅學誌作「將知」不誤。

81 原卷「物物」作「物之」，「之」當為重文之誤。

82 疑當作「門外行雖強破除」，項校已改正。

83 「為」下原卷當脫「君」字。項校：原卷「侍」新書校作「待」，不必。看侍，即照料侍奉之義。敦煌本句道興搜神記：「但信母年老孤獨，信今來後，更無人看侍」。

84 項校：「原文此處及下文中的瑟，新書皆校作琴。楚按，據佛報恩經，所贈樂器為箏，茲俱改作箏。下文送路聊申一面瑟，新書亦校作琴，按此瑟字正應作箏，與上下文的明、情、盈、城押韻，可證作箏為是。」重規案：變文作者雖據報恩經行文，但以樂器中琴更著稱，故用琴易箏，而抄寫變文者以形近誤作瑟；如為箏字，必不誤箏為瑟。且瑟字數見，平仄韻腳皆不叶，可斷為抄者之誤。變文中箏(耕韻)、琴(侵韻)、城(清韻)、盈(清韻)、聽(青韻)、情(清韻)，音近皆可通協。且變文云「其音和雅」，以「和雅」形容琴音，似作琴較愜。

(85) 項校：「新書『音生』，經檢視原卷照片，實為『生音』，新書誤倒。何似生，就是何似、怎麼樣。音指：

同「音旨」，音樂之旨趣。」重規案：原卷「音」字右上側有乙倒符，故當作「何似音生指也唱將來」。變文問善友彈琴從手指上發生出來的聲音是什麽樣？故下文回答說：「善友巧善彈琴，其音和雅，悅可眾心。」又說：「倍加彈得感人情，終不分疎出姓名，曲上早能分節拍，絃中更巧貼音聲。」都只說彈出來的聲音和雅，無所謂音樂之旨趣，「指」不當改為「旨」。

(86) 經文「當」下有「好」字，無末「願」字。

附錄

敦煌學的現況和發展

潘重規先生講
鄺慶歡同學記

——一九七二年十二月十六日新亞研究所學術演講詞

一、前言

敦煌學是近世紀顯學之一，陳寅恪先生曾經說過：近代學者如果沒接觸到敦煌學、甲骨學等門類的新學問，對學術可以說是「未入流」。由此可見敦煌學受到學術界重視的程度。

所謂敦煌學，包括的範圍非常的廣，具體說來，主要是敦煌遺書和敦煌藝術品兩方面。今天所談，特別側重敦煌遺書。敦煌遺書的面世，是由於敦煌石室的偶然發現。原來我國黃河以西的地區，自古稱爲河西，其在甘肅西北之突出部分，稱「甘肅河西」，是從漢唐以來通往西域的要道，故又稱爲河西走廊。敦煌縣便是其間的一個富庶城市。在唐以前，佔領其地的有前涼、苻秦、後涼、北涼和元魏。安史亂後，在唐德宗建中年間陷於吐蕃，宋又爲西夏佔領。所謂敦煌石室就在今敦煌縣城東南二十公里的千佛洞的一個洞窟中。敦煌千佛洞古稱莫高窟。莫高窟約有五百餘洞，有壁畫和塑像的約有三百餘洞。發現遺書的敦煌石室在張大千編號第一百五十一號，也卽伯希和第一百六十三號洞內。洞內一個不到高廣方丈的石室，內中貯滿數萬卷經卷，大約在宋仁宗景祐初年，寺僧因逃避兵亂而將許多寶書封閉在這個石室中，在清光緒廿五年（一八九九），千佛洞一位叫做王圓籙的道士，無意中發現了這一個寶藏。當時有少數卷子流傳到士大夫之手，他們只當作古董收藏，並沒有進一步追尋。直到一九〇七年春天，英籍匈牙利人斯坦因率領探險隊到達敦煌，找到王道士，用詭計利誘王道士，運走了廿四箱的寫本和五箱的繡畫美術品，安置在不列顛博物館，據他自稱所得寫本卷子有九千卷。在一九〇七年冬，法國伯希和教授，來新疆訪古，知道敦煌石室發現古物，於一九〇八年春趕到千佛洞，他能操流利國語，和王道士議價購買，他的漢學造詣較深，與斯坦因選擇標準不同，他特別注意有年月署名題記和非漢文的卷子。他得到的大約在五千卷左右，故以數量言，伯不及斯；但在素質上，則伯優於斯。經過這二次的搜購，精華已去大半。接着還有日、德兩國人前往，德人携走的數量較少，日人較多。日人橘瑞超也於一九〇八年訪古新甘一帶，也曾到敦煌石室取得卷軸數百件。見於其所編「敦煌將來藏經目錄」（民國三年發表），計四百二十九卷。在伯希和一九〇八年將敦煌卷軸運回巴黎以後，次年五月又來北京購置中文圖籍，隨身携帶少數敦煌卷子。他把這一消息告訴羅振玉、董康、蔣伯斧諸人，並且說石室尚有卷子八千軸。羅董諸人聽到這一消息，建議學部電請陝甘總督以三千元購得剩餘卷子，押運回京，沿途被人偷去不少。後來歸於北京圖書館，約有九千餘卷。以後在民國三十年八月三十日，敦煌藝術研究所的工友，在兩尊塑像中，又發現了寫本六十餘卷。近年來又聽說蘇聯列寧格勒亞洲人民研究所也藏有萬餘卷。大約世界各地公私所藏，大宗的、少數的，總共有三萬多卷。這一發現，關係中國乃至世界學術，牽涉之廣，影響之大，眞是無法估計。我們隨手掇拾，都是有關學術界最嶄新最重要的材料。例如敦煌遺書保存的變文，便爲中國文學史添加了一種新文體。又如倫敦斯三四三號卷子，背後抄有放奴文、放婢文，大都說「貴者是前世業通，賤者是前緣負債」，此類文書反映出唐代佛家思想，注入到社會各階層。這眞是研究思想社會制度的最好的第一手材料！由一斑以窺全豹，可見這三萬卷敦煌遺書，確是中國文化的鉅大遺產。

二、敦煌卷子分散的現況

現在我們談談敦煌遺書發現後七十年來散布的情況。我們根據一九六二年商務印書館出版的敦煌遺書總目索引一書所載三個主要收藏所的目錄和散錄所載零星的收藏目錄作一簡要介紹：

㈠北京圖書館所藏　自一九一〇年，清學部將所得敦煌卷子移交京師圖書館後，在一九一一至二年間，就編出了一個草目，兩千多卷的詳目和一部「敦煌石室經卷中未入藏經論著述目錄」。一九二二年又由陳垣（俞澤箴協助）作了一次全面的檢閱、考訂。一九二四年陳垣仿趙明誠金石錄的體例，排比編次成爲現在的敦煌劫餘錄，共著錄八千六百七十九卷，幾乎全部都是佛經（有道經九種、摩尼教經一種）。一九二九年京師圖書館改組，合併成爲北京圖書館，成立了寫經組，由胡鳴盛、許國霖從未登記的殘卷中選出了一千一百九十二種。又由許國霖另外編成敦煌石室寫經題記與敦煌雜錄（一九三六年鉛印本）一書。又從九八七一卷中輯出了四百多條寫經題記。近年來，在民間流動的卷子也有不少歸入北京圖書館，所以總計現在北京圖書館所藏，當已超過一萬卷。

㈡倫敦不列顚博物館所藏　在一九〇七至八年間，斯坦因把所得敦煌卷子運至倫敦，據他自稱所得總數是九千卷。那便是翟理斯所編以漢文卷子爲主的目錄內所包括的六千九百八十個卷子和小册子，內有約五十多個梵文、藏文、粟特文、回紇文、于闐文的卷子。另外還有兩千多個卷軸的西藏文寫本，和絹本、紙本的刺繡、繪畫等美術品。西藏文寫本前藏印度總督府的圖書館內，今不知在何處。美術品約五百多件，分藏不列顛圖書館和印度新德里圖書館，有一九三一年魏禮合編的斯坦因所得敦煌畫目錄。

㈢**巴黎國家圖書館所藏** 伯希和所得確數不很淸楚，大約不少於五千卷。王重民所編以漢文爲主的目錄內包括着二千五百多個卷子、版畫葉和小册子，和一百來個梵文、藏文、粟特、回紇、于闐文的卷子。另外還有一大批藏文卷子，現藏巴黎國家圖書館。和大量的絹本、紙本的刺繡、刺畫、繪畫的美術品，分藏盧佛爾宮（Palais du Louvre）和紀梅博物館（Mu'see Guimet）。美術品還沒有一個總目錄。其西藏文卷子已有拉盧編的敦煌西藏文寫本目錄二册，共著錄了一二八二個西藏文卷子，又準備出第三册，其總數可能達到二千卷。

㈣**敦煌遺書總目散錄所載** 敦煌遺書，斯伯二氏搜購以前，已有少數散出；搜購之後，更有大量散佚與盜竊。李盛鐸在押運來京途中，幾於把菁華盜盡。一九三五年將較好的四百卷售予日本人。從此以後，又一再售出數百卷。而日本人橘瑞超等也曾在斯伯二氏以後到敦煌搶購，所以流到日本的也不少。這些流散的卷子大約在三千卷上下。爲了收藏或售賣，曾編有不少的目錄流傳。敦煌遺書總目索引所載散錄彙集了十四種公私收藏的小目錄。也就是上述三個主要部分以外流散出來的一些小收藏者的目錄。另外五個專科目錄，是從所有敦煌遺書中就編者所能見到的有關卷子而編成的專科目錄。這流散的三千來卷，其具體情況應該是這樣的：在散錄中的十四個公私收藏的小目錄共著錄一千一百九十九個卷子，其中三分之二在日本，三分之一在國內。這是由於日本調查的工作較好，其實在國內至少有接近二千來卷流動着，流到日本和歐美私人手中的約一千卷。近年來在國內流動着的二千來卷，如上述十四個散錄內所著錄的一千一百九十九個卷子，就至少有四百卷歸入了北京圖書館、北京大學圖書館。沒有目錄的一千八百多卷，也有大約三分之二的數量歸入北京圖書館和其他大圖書館。據現在所知，歸入北京圖書館的約一千二百卷，歸入北京大學圖書館、上海文館會的各約一百卷，還有敦煌研究所藏的一些新發現的卷子。到今天爲止，在市面上流動的至多不過五百卷了。

㈤**列寧格勒所藏**　蘇聯列寧格勒亞洲人民研究所藏有萬卷以上的敦煌遺書，這個驚人的傳說，在一九六二年敦煌遺書總目索引出版時尚未提及。多年前，法國元老教授戴密微先生過港時晤談，纔聽到此一消息。後來會見日本吉川幸次郎及小川環樹兩位教授，告以經過列寧格勒觀書的情形，並承小川教授以旅蘇時所錄毛詩音卷子假抄。一九六七年旅巴黎時，買得孟西科夫（自署孟列夫）所編目錄二册：第一册是一九六三年出版，計一千七百零七種；第二册是一九六七年出版，計一千二百四十六種。除大部分是佛經外，有詩經、左傳、論語、孝經、禮記、尙書、莊子、道經、黃帝內經、唐律、文選、史記、王梵志詩、曲子詞、變文、刋謬補缺切韻等。我的學生南大中文系盧紹昌教授，今年訪問列寧格勒，據說蘇聯擁有萬卷以上之說，恐不可靠。因爲所有抄寫本都附屬於敦煌卷子部，即如列寧格勒所藏乾隆抄本八十回紅樓夢，孟西科夫教授曾將他考論此抄本的文章見贈，而此抄本也是屬於敦煌卷子部的。不過，就已見到近三千卷的目錄，其內容也相當的豐富了。

三、敦煌學研究情況和未來的發展

各國研究敦煌學的學者，一開始都以編製目錄爲急務。英國的藏書，在一九二三年，羅福萇發表他所編的「倫敦博物館敦煌書目」（國學季刊一卷一期），乃是根據法國人轉錄本和在展覽廳展出的一小部分卷子記錄下來的，其不完全可知。向達先生在一九三六、三七年間，看到了四百九十六個卷子，編爲「倫敦所藏卷子經眼目錄」（圖書季刊新一卷四期）。一九五七年，倫敦出版了翟理斯費了三十八年的精力編成的「敦煌漢文寫本書解題目錄」（*L. Giles: Descriptive Catalogue of the Chinese Manuscripts from Tunhuang in the British Museum*）。同年，北京圖書館劉銘恕也根據顯微膠片，在幾個月時間內編成了一部斯坦因刦經錄。法國所藏，有王重民所編的伯希和刦經錄，拉盧編的敦煌西藏文寫本目錄，羅福萇、陸翔翻譯的伯希和所編的目錄。最近巴黎國家圖書館編了一册解題目錄，包括五百號卷子。北京所藏的有陳垣編的敦煌劫餘錄，和北京圖書館藏敦煌遺書簡目。一九六二年又出版了敦煌遺書總目索引，給敦煌遺書二萬二千五百卷第一次完成了一個目錄。我在一九六七年，寫成了臺北國立中央圖書館所藏敦煌卷子題記，把館藏一百五十多個卷子作了一次仔細的紀錄；在新亞學報發表後，立刻引起了各國學者的注意，日本許多學者專家寫信問我索取資料，並且不斷親往臺北閱讀；日本石田幹之助教授，法國戴密微教授分別在東方學和通報上撰文介紹。可見學術界對敦煌學是何等的關注，而編製目錄的工作在敦煌學上又是何等的切要。

除了編目，許多學者又將敦煌卷子照相抄寫複印，如羅振玉的鳴沙石室佚書、敦煌零拾、蔣斧的沙州文錄、劉復的敦煌掇瑣、神田喜一郎的敦煌秘籍留真新編、姜亮夫的瀛涯敦煌韵輯等；最大的一種，便是一九五四年倫敦博物院把所藏全部敦煌卷子攝製成的顯微膠片了。

一般學者得到新資料後，有的作單篇研究，有的作專題研究，有的作專書研究。一九五九年日本東洋文庫敦煌文獻研究聯絡委員會編撰的敦煌文獻研究論文目錄，內容分一般史地、社會、經濟、法制、宗教、思想、民俗、文學、美術、書寫經、音樂、言語、考古、金石、古文書、書誌、科學、雜纂等十八項，所收日本人的論文已近一千篇，加上一九五九年以後及全世界的研究論文，其豐富可想而知。

我們鑑於敦煌文獻有關世界學術文化的重要和廣泛，全世界的學者都直接或間接從事研究工作；同時敦煌文獻已由隱晦艱苦的時期，到達昌明安定的境界；我們回想敦煌遺書閟藏在石室，因發現而流落到世界各處，漸漸的安頓下來；從亂七八糟一箱一捆的飄流到倫敦、巴黎、日本、蘇聯和世界各地，漸漸地得到珍視、整理，以至公開編著目錄；恰似流亡各處的難民，經過播遷困苦，漸漸地獲得棲身之所，終至於領得當地的居留證；因此，我們有責任把這流亡在全世界的中國學術文化寶書，使它從分崩離析中，走向團聚統一。當然我們不能用強力將它集中，我們應該用和諧、智慧，走上學術文化的康莊大道，努力工作來建立永久、完整、光輝燦爛的敦煌學。我以淺短的眼光，把看得到的未來工作提出來和各位討論：

第一：我們應該聯合國際學術界的力量來編纂一部敦煌遺書總目錄。根據現有的各種目錄，再切實的查核、改正、補充。這一工作並不簡單，需要甚多專家學者通力合作。許多外國人編的目錄，易生錯誤。卽北京圖書館編的敦煌遺書總目，錯誤也不少。其中著錄題記，我在英法閱卷時曾隨手校正。卽如伯希和二千六百八十二號卷，王重民著錄爲白澤精話圖殘卷，此卷長約丈餘，前幅有圖有說，後幅有圖無說，內容是畫上許多神怪的圖像；從畫名看不出與內容有什麼關係。陳槃菴先生在古讖緯書錄解題中，卻寫作白澤精洊圖，蘇瑩輝敦煌學概要則寫作白慶精洊圖（蘇是依據陳說，慶字恐係手民之誤）。但不論是白澤精話圖，或白澤精洊圖，抑白慶精洊圖，隋唐以前都未著錄。我訪書巴黎時，見到原卷，原來標題作白澤精恠圖，「恠」正是「怪」字的別體。精怪圖的書名，孫愐唐韻序曾經提到，可見是當時流行的志怪書籍。又如巴黎編目伯二千六百六十九號詩大雅卷，卷背有些稀稀落落的小字，我細心觀察，方知正是對準正面文字的注音。經我考核，這正是六朝人一種著書方式。隋志著錄的毛詩音隱、毛詩隱義、毛詩背隱義，都是用這種形式寫成的。注意卷背零零落落幾十個小字，便增多了一種毛詩音隱的著作；又解決了歷來不明白所謂音隱、隱義的著作方式問題。我想如此的編寫鑑定，恐怕不是一般編目員所能做到的。我們現在要完成一部最正確的總目錄，這類精益求精的工作，仍然是必需而不可或缺的。

第二：我們應該聯合國際學術界的力量，來編纂一部敦煌論文著述總目錄。過去全世界學者根據敦煌學資料考訂、研究的單篇論文和專門著作，應該從速作一總結。並且應該有一個固定機構，將新發表的論文、新出版的著作，不斷的網羅編輯，繼續發表。像日本東洋文庫附屬的敦煌文獻研究委員會，便不斷地在做着這類工作。敦煌學已成一門永久的學問，因此這種機構和工作，也將永久不能間斷停止。

以上兩種重要工作，前人已或多或少在分頭進行。我們現在應該成立一個研究資料中心，並且要切實做到下面三樁工作，纔能成爲名副其實的研究資料中心：

第一：應將全世界保存的敦煌卷子，全部攝影。因爲攝影，纔能延續推廣它的生命。

第二：卷子歷時久遠，不免有模糊損泐油漬蠹傷之處，以致攝影不能全部傳眞。故攝影之外，又須請飽學之士細心臨摹，成爲維妙維肖的寫本。

第三：有了維妙維肖的寫本，還是不便閱讀研究：因爲六朝唐人手寫字體，至不劃一，俗字、訛文、變體、簡寫，滿紙都是，必須用楷字重寫，方能解除一般閱讀研究的困難。

一個研究資料中心，如果能拍攝到全部敦煌卷子，每一個卷子又有臨寫本和楷寫本，那麼從敦煌流傳出來的三萬多卷的遺書，就可以永垂不朽，而且可以供全世界學者閱讀研究。

一個研究資料中心，能夠擁有這份資料，我們便可以重新加以檢查、分析、綴合。例如倫敦所藏文心雕龍殘卷，由於博物館攝製的膠卷，中間漏脫一頁，以致異說滋生，甚至有懷疑原卷有兩個不同的卷子。我在倫敦校對原卷，攝影複印，眞相乃告大白。又如姜亮夫瀛涯敦煌韵輯，號稱精審，經我重新校勘，發現錯誤甚多，也有重新改寫的必要。又前幾年小川環樹教授把在列寧格勒抄得的編號一千五百一十七的詩經音卷子給我抄錄，回到香港，我發現它和倫敦藏二千七百二十九號詩經是同一個卷子。因此我寫了一篇文章把它綴合起來。中國的寶書，一段在蘇聯，一段在英國，復合之後，眞有破鏡重圓之感。如果全部敦煌卷子資料集中到研究中心之後，必然會產生這一類數不清的收穫。

有了這份集中資料，研究工作就可以更全面、更深入。當初，清學部把劫餘敦煌遺書移交京師圖書館後，李翊灼先生就從中選出了一百五十九種古逸經，編成了敦煌石室經卷中未入藏經論著述目錄（疑僞外道目錄附）。後來日本佛教團體和佛學專家受這一目錄的啓發，利用倫敦、巴黎和日本國內收藏家所藏的敦煌遺書，經過十多年的努力，校訂出二百種以上的古逸經和疑似經。在一九二四至八年間，編入「大正新修大藏經」的第八十五卷內，給佛藏注入了新的資料，引起了佛學研究者極大的注意。但由於那時候目錄的條件還不夠好，不能事先把北京、倫敦、巴黎三個主要部分的佛經，做一次滙編和比較工作，準備擇善而從，或互相校補；致使校印出來的那二百多種的古逸經和疑似經，有的缺頭少尾（一卷的），有的缺前卷少後卷（多卷的）。至於複本的文字校勘，那就做得更不夠了。由於李翊灼先生這一目錄，富有啓發性，後來的敦煌變文殘卷目錄、敦煌曲子詞殘卷目錄、敦煌四部遺書目錄，都頗受他的影響。日本人近年努力編撰敦煌文獻分類目錄，如道經目錄、非佛教文獻目錄、敦煌文獻研究目錄等。其他敦煌變文集、敦煌曲子詞、瀛涯敦煌韵輯，也是從此途徑不斷發展出來的。一旦理想中的研究資料中心完成之後，種種研究的工作，必然做得更深入、更完備。瞻望前途，是有無限的光明燦爛的遠景。

最後，對於從事敦煌學研究工作者，我要提出兩項原則，或者說是兩種精神，來互相勉勵。敦煌遺書是中國學術文化的遺產，儘管全世界的學者用各種文字來發表研究它的成果，我們必須使它中國化。我們研究敦煌學是要使現代人和後代人能接受此一寶貴遺產，所以我們必須使它現代化。因此我提出來的兩項原則和兩種精神，便是敦煌學中國化和敦煌學現代化。現在分述如次：

㈠敦煌學中國化　如何是敦煌學中國化呢？現在全世界敦煌學目錄的編定和發表的論文，有的是用日文、有的是用英文、有的是用法文、有的是用俄文。所有這一切的資料，必須將它譯為中文。敦煌卷子中的藏文、梵文、于闐、回紇、粟特等等文字，雖非中文，都是在中國國土發現的與中國有關的文件，也必須一步一步的翻譯成中文，然後纔能完成敦煌學中國化。

㈡敦煌學現代化　如何是敦煌學現代化呢？我們知道卷子的書寫年代，包括南北朝至趙宋初期，而南北朝正是俗文字泛濫混亂的時期，敦煌抄寫的卷子恰恰充滿這種現象。例如「藐」字作「⿱艹狠」、「貌」字作「狠」，「好貌」寫成「好狠」，乃至「弋」「戈」不分、「竹」「卄」不分、「衣」「示」不分、「木」「禾」不分、「帷」「惟」不分、「摽」「標」不分，諸如此類的混淆，幾於舉不勝舉，因此我們應該把六朝隋唐俗書混淆的卷子，寫定爲現代通行的楷書。這樣纔能使現代研閱的人一目了然，纔可以使研究社會、經濟、宗教、思想、民俗、科學、史地、文學各方面的學者，都能減少障礙、節省精力；這樣就有賴敦煌學現代化的完成。當然爲了國際學者的便利，也有翻譯成世界各種文字的必要。如何能達到這個目標，自然須集合全世界的學者充分合作和支持，而且這是長遠的計劃和工作。

最後，我要重複一句，敦煌遺書是中國人的文化遺產，如何使支離破碎的遺產恢復完整、發揚光大，這主要是我們中國人的責任。我希望中國學人抱着恢復國土的心情，來從事闡揚絕學的工作。

滄海叢刊書目（一）

國學類

中國學術思想史論叢(一)～(八)	錢　穆　著
現代中國學術論衡	錢　穆　著
兩漢經學今古文平議	錢　穆　著
宋代理學三書隨劄	錢　穆　著

哲學類

國父道德言論類輯	陳立夫　著
文化哲學講錄(一)～(五)	鄔昆如　著
哲學與思想	王曉波　著
內心悅樂之源泉	吳經熊　著
知識、理性與生命	孫寶琛　著
語言哲學	劉福增　著
哲學演講錄	吳　怡　著
後設倫理學之基本問題	黃慧英　著
日本近代哲學思想史	江日新　譯
比較哲學與文化(一)(二)	吳　森　著
從西方哲學到禪佛教——哲學與宗教一集	傅偉勳　著
批判的繼承與創造的發展——哲學與宗教二集	傅偉勳　著
「文化中國」與中國文化——哲學與宗教三集	傅偉勳　著
從創造的詮釋學到大乘佛學——哲學與宗教四集	傅偉勳　著
中國哲學與懷德海	東海大學哲學研究所主編
人生十論	錢　穆　著
湖上閒思錄	錢　穆　著
晚學盲言(上)(下)	錢　穆　著
愛的哲學	蘇昌美　著
是與非	張身華　譯
邁向未來的哲學思考	項退結　著
逍遙的莊子	吳　怡　著
莊子新注（內篇）	陳冠學　著
莊子的生命哲學	葉海煙　著

墨子的哲學方法	鐘友聯 著
韓非子析論	謝雲飛 著
韓非子的哲學	王邦雄 著
法家哲學	姚蒸民 著
中國法家哲學	王讚源 著
二程學管見	張永儁 著
王陽明——中國十六世紀的唯心主義哲學家	張君勱原著、江日新中譯
王船山人性史哲學之研究	林安梧 著
西洋百位哲學家	鄔昆如 著
西洋哲學十二講	鄔昆如 著
希臘哲學趣談	鄔昆如 著
近代哲學趣談	鄔昆如 著
現代哲學述評㈠	傅佩榮編譯
中國十九世紀思想史(上)(下)	韋政通 著
存有・意識與實踐——熊十力《新唯識論》之詮釋與重建	林安梧 著
先秦諸子論叢	康端正 著
先秦諸子論叢（續編）	康端正 著
周易與儒道墨	張立文 著
孔學漫談	余家菊 著
中國近代哲學思想的展開	張立文 著
近代哲學趣談	鄔昆如 著
現代哲學趣談	鄔昆如 著

宗教類

天人之際	李杏邨 著
佛學研究	周中一 著
佛學思想新論	楊惠南 著
現代佛學原理	鄭金德 著
絕對與圓融——佛教思想論集	霍韜晦 著
佛學研究指南	關世謙 譯
當代學人談佛教	楊惠南編著
從傳統到現代——佛教倫理與現代社會	傅偉勳主編
簡明佛學概論	于凌波 著
修多羅頌歌	陳慧劍 著

禪話	周中一 著

自然科學類

異時空裡的知識追求 ——科學史與科學哲學論文集	傅大爲 著

社會科學類

中國古代游藝史 ——樂舞百戲與社會生活之研究	李建民 著
憲法論叢	鄭彥棻 著
憲法論衡	荊知仁 著
國家論	薩孟武 譯
中國歷代政治得失	錢　穆 著
先秦政治思想史	梁啟超原著、賈馥茗標點
當代中國與民主	周陽山 著
釣魚政治學	鄭赤琰 著
政治與文化	吳俊才 著
中國現代軍事史	劉　馥著、梅寅生 譯
世界局勢與中國文化	錢　穆 著
海峽兩岸社會之比較	蔡文輝 著
印度文化十八篇	糜文開 著
美國的公民教育	陳光輝 譯
美國社會與美國華僑	蔡文輝 著
文化與教育	錢　穆 著
開放社會的教育	葉學志 著
經營力的時代	青野豐作著、白龍芽 譯
大眾傳播的挑戰	石永貴 著
傳播研究補白	彭家發 著
「時代」的經驗	汪　琪、彭家發 著
書法心理學	高尚仁 著
清代科舉	劉兆璸 著
排外與中國政治	廖光生 著
中國文化路向問題的新檢討	勞思光 著
立足臺灣，關懷大陸	韋政通 著
開放的多元化社會	楊國樞 著
臺灣人口與社會發展	李文朗 著

日本社會的結構　福武直原著、王世雄　譯
財經文存　王作榮　著
財經時論　楊道淮　著

史地類

古史地理論叢　錢　穆　著
歷史與文化論叢　錢　穆　著
中國史學發微　錢　穆　著
中國歷史研究法　錢　穆　著
中國歷史精神　錢　穆　著
憂患與史學　杜維運　著
與西方史家論中國史學　杜維運　著
清代史學與史家　杜維運　著
中西古代史學比較　杜維運　著
歷史與人物　吳相湘　著
共產國際與中國革命　郭恒鈺　著
抗日戰史論集　劉鳳翰　著
盧溝橋事變　李雲漢　著
歷史講演集　張玉法　著
老臺灣　陳冠學　著
臺灣史與臺灣人　王曉波　著
變調的馬賽曲　蔡百銓　譯
黃　帝　錢　穆　著
孔子傳　錢　穆　著
宋儒風範　董金裕　著
弘一大師新譜　林子青　著
精忠岳飛傳　李　安　著
唐玄奘三藏傳史彙編　釋光中　編
一顆永不殞落的巨星　釋光中　著
新亞遺鐸　錢　穆　著
困勉強狷八十年　陶百川　著
我的創造・倡建與服務　陳立夫　著
我生之旅　方　治　著

語文類

文學與音律　謝雲飛　著

中國文字學	潘重規 著
中國聲韻學	潘重規、陳紹棠 著
詩經研讀指導	裴普賢 著
莊子及其文學	黃錦鋐 著
離騷九歌九章淺釋	繆天華 著
陶淵明評論	李辰冬 著
鍾嶸詩歌美學	羅立乾 著
杜甫作品繫年	李辰冬 著
唐宋詩詞選——詩選之部	巴壺天 編
唐宋詩詞選——詞選之部	巴壺天 編
清眞詞研究	王支洪 著
苕華詞與人間詞話述評	王宗樂 著
元曲六大家	應裕康、王忠林 著
四說論叢	羅 盤 著
漢賦史論	簡宗梧 著
紅樓夢的文學價值	羅德湛 著
紅樓夢與中華文化	周汝昌 著
紅樓夢研究	王關仕 著
中國文學論叢	錢 穆 著
牛李黨爭與唐代文學	傅錫壬 著
迦陵談詩二集	葉嘉瑩 著
翻譯散論	張振玉 著
西洋兒童文學史	葉詠琍 著
一九八四	George Orwell 原著 劉紹銘 譯
文學原理	趙滋蕃 著
文學新論	李辰冬 著
分析文學	陳啟佑 著
解讀現代、後現代——文化空間與生活空間的思索	葉維廉 著
中西文學關係研究	王潤華 著
魯迅小說新論	王潤華 著
比較文學的墾拓在臺灣	古添洪、陳慧樺主編
從比較神話到文學	古添洪、陳慧樺主編
神話卽文學	陳炳良等譯
現代文學評論	亞 菁 著
現代散文新風貌	楊昌年 著

現代散文欣賞	鄭明娳 著
實用文纂	姜超嶽 著
增訂江皐集	吳俊升 著
孟武自選文集	薩孟武 著
藍天白雲集	梁容若 著
野草詞	韋瀚章 著
野草詞總集	韋瀚章 著
李韶歌詞集	李韶 著
石頭的研究	戴天 著
留不住的航渡	葉維廉 著
三十年詩	葉維廉 著
寫作是藝術	張秀亞 著
讀書與生活	琦君 著
文開隨筆	糜文開 著
印度文學歷代名著選(上)(下)	糜文開編著
城市筆記	也斯 著
歐羅巴的蘆笛	葉維廉 著
移向成熟的年齡1987～1992詩	葉維廉 著
一個中國的海	葉維廉 著
尋索：藝術與人生	葉維廉 著
山外有山	李英豪 著
知識之劍	陳鼎環 著
還鄉夢的幻滅	賴景瑚 著
葫蘆・再見	鄭明娳 著
大地之歌	大地詩社 編
往日旋律	幼柏 著
鼓瑟集	幼柏 著
耕心散文集	耕心 著
女兵自傳	謝冰瑩 著
抗戰日記	謝冰瑩 著
給青年朋友的信(上)(下)	謝冰瑩 著
冰瑩書柬	謝冰瑩 著
我在日本	謝冰瑩 著
大漢心聲	張起鈞 著
人生小語(一)～(四)	何秀煌 著
記憶裏有一個小窗	何秀煌 著

回首叫雲飛起	羊令野 著
康莊有待	向陽 著
湍流偶拾	繆天華 著
文學之旅	蕭傳文 著
文學邊緣	周玉山 著
文學徘徊	周玉山 著
種子落地	葉海煙 著
向未來交卷	葉海煙 著
不拿耳朶當眼睛	王讚源 著
古厝懷思	張文貫 著
材與不材之間	王邦雄 著
忘機隨筆	王覺源 著

美術類

音樂人生	黃友棣 著
樂圃長春	黃友棣 著
樂苑春回	黃友棣 著
樂風泱泱	黃友棣 著
樂境花開	黃友棣 著
音樂伴我遊	趙琴 著
談音論樂	林聲翕 著
戲劇編寫法	方寸 著
戲劇藝術之發展及其原理	趙如琳譯著
與當代藝術家的對話	葉維廉 著
藝術的興味	吳道文 著
根源之美	莊申 著
扇子與中國文化	莊申 著
水彩技巧與創作	劉其偉 著
繪畫隨筆	陳景容 著
素描的技法	陳景容 著
建築鋼屋架結構設計	王萬雄 著
建築基本畫	陳榮美、楊麗黛 著
中國的建築藝術	張紹載 著
室內環境設計	李琬琬 著
雕塑技法	何恆雄 著
生命的倒影	侯淑姿 著
文物之美——與專業攝影技術	林傑人 著